Gustav Landauer
Die Revolution

KL@SSIKER   9
der Sozialrevolte

In allen Zeiten wurden Texte geschrieben, die wir heute als *Klassiker der Sozialrevolte* bezeichnen wollen. Darunter zählen wir historische Texte aus Sozialen Bewegungen bzw. aus dem Kontext sozialer Revolutionen - von den Frühsozialisten der Französischen Revolution bis zur APO der 60er Jahre dieses Jahrhunderts.

Der UNRAST Verlag wird in dieser Reihe eine umfangreiche Sammlung von Texten herausgeben, um damit ein Stück der eigenen Sozialgeschichte zu bewahren.

Dieses Buch ist ein an wenigen Stellen sprachlich bearbeiteter und korrigierter Nachdruck der 1907 von Martin Buber herausgegebenen Erstausgabe.

Gustav Landauer

Die Revolution

Herausgegeben, eingeleitet
und mit einem Register versehen
von Siegbert Wolf

UNRAST
Klassiker der Sozialrevolte 9

Landauer – Die Revolution
1. Auflage, Oktober 2003
Band 9 der Reihe »Klassiker der Sozialrevolte«
hrsg. von Jörn Essig-Gutschmidt
ISBN 3-89771-906-1
© UNRAST-Verlag, Münster
Postfach 8020, 48043 Münster – Tel. (0251) 66 62 93
Mitglied in der *assoziation Linker Verlage* (aLiVe)
Umschlag: *ImPrint* Verlagsservice, Jörn Essig-Gutschmidt, Münster
Satz: *ImPrint* Verlagsservice, Jörn Essig-Gutschmidt, Münster
Druck: Interpress, Budapest

INHALT

Siegbert Wolf
„... nicht der Staat, sondern die Gesellschaft,
die Gesellschaft von Gesellschaften." –
Gustav Landauers „Die Revolution" 7

Gustav Landauer
Die Revolution 25

Personenregister 119

Mitglieder der Anarchistischen Siedlung *Freie Erde*, Düsseldorf, 5.10.1921
(Foto: J. Müller, Düsseldorf)

Gedenktafel in Berlin-Hermsdorf, Waldseeweg/Ecke Schloßstraße
(Foto: Wolfram Beyer)

Siegbert Wolf

„... nicht der Staat, sondern die Gesellschaft, die Gesellschaft von Gesellschaften."[1] – Gustav Landauers „Die Revolution"

I.

Als Gustav Landauer (1870-1919) seine Monographie „Die Revolution", eine geschichtsphilosophische Abhandlung über den revolutionären Prozess innerhalb der neuzeitlichen historischen Entwicklung, 1907 in der von seinem Freund Martin Buber betreuten Reihe „Die Gesellschaft" im Frankfurter Verlag Rütten & Loening veröffentlichte, lag eine Schrift vor, die bis heute als eine grundlegende Geschichtsphilosophie des Anarchismus betrachtet werden kann. Bestehend aus den Hauptteilen „Darlegung seines Revolutionsverständnisses" und „Würdigung des Mittelalters" gehört sie, neben „Skepsis und Mystik" (1903) und dem „Aufruf zum Sozialismus" (1911), zu den Hauptwerken Landauers, ohne deren Lektüre ein Verständnis seines föderativ-kommunitären Anarchismus nicht möglich ist.[2] In „Die Revolution" nahm er den im „Sozia-

---

1 Aus Platzgründen habe ich den Anmerkungsapparat auf die notwendigsten Angaben beschränkt. Für hilfreiche Hinweise danke ich Dr. Birgit Seemann (Universität Frankfurt am Main/Akademie der Wissenschaft und Literatur, Mainz).
Gustav Landauer, Die Revolution. Ffm 1907 (Rütten & Loening) = Die Gesellschaft, Bd 13, Neuaufl., Münster 2003, S. 57; einen Auszug daraus veröffentlichte er unter dem Titel: Die Kultur des Mittelalters. Ein Beitrag zur Revision der Geschichte. In: Das Blaubuch vom 11. u. 18.04.1907. Weitere Auflagen der „Revolution": 2. Auflage. Ffm 1919 (Rütten & Loening); ebd. Ffm 1923 (Rütten & Loening) (7.-9. Tausend); ebd. Nachdruck der Ausgabe 1907. Ffm 1974 (Keip); ebd. Berlin 1974 (Karin Kramer); ebd. Berlin 1977 (Karin Kramer). Siehe auch Norbert Altenhofer, Die zerstörte Überlieferung. Geschichtsphilosophie der Diskontinuität und Traditionsbewußtsein zwischen Anarchismus und konservativer Revolution. In: Thomas Koebner (Hrsg.), Weimars Ende. Prognosen und Diagnosen in der deutschen Literatur und politischen Publizistik 1930-1933. Ffm 1982, S. 330ff.

2 Siegbert Wolf, Gustav Landauer zur Einführung. Hamburg 1988; Bernhard Braun, Die Utopie des Geistes. Zur Funktion der Utopie in der politischen Theorie Gustav Landauers. Idstein 1991.

list" (1909-1915), der von ihm begründeten und herausgegebenen libertären Zeitschrift, vorgestellten Gedanken des französischen Renaissancegelehrten Etienne de La Boëtie (1530-1563) „Von der freiwilligen Knechtschaft" auf. Ihm gebührt das Verdienst, diesen klassischen, hochaktuellen Text wieder entdeckt zu haben: „[...] dieser Essay [...] repräsentiert den Geist, von dem wir sagen, dass er Geist ist nur in der Negation, dass er aber in der Negation Geist ist: die Ahnung und der noch nicht auszusprechende Ausdruck des Positiven, das heraufkommt. Dieser Essay verkündet, was in anderen Sprachen später Godwin und Stirner und Proudhon und Bakunin und Tolstoj sagen werden: In euch sitzt es, es ist nicht draußen; ihr selbst seid es; die Menschen sollten nicht durch Herrschaft gebunden sein, sondern als Brüder verbunden. Ohne Herrschaft; An-archie."[3]

II.

Da eine freiheitlich-sozialistische Gesellschaft im Verständnis Landauers nur außerhalb des bestehenden Staates reifen kann, ihre Realisierung jedoch nicht auf eine ferne Zukunft verschoben werden soll, erschließt die Revolution allein für diejenigen neue Kräfte, welche sie schon vorher entwickelt haben. Fehlen diese Impulse der Regeneration, dann wird die Revolution schon nach kürzester Zeit wieder zu restaurativen Zuständen führen.

Landauers Geschichtsauffassung ist eine ahistorische. Entgegen einer wissenschaftlichen Betrachtung der menschheitlichen Vergangenheit argumentierte er, dass Geschichtswissenschaft immer „unter dem Einfluß unseres Willens, unserer gegenwärtigen Zustände, mit einem zusammenfassenden Wort: unseres Weges steht. Ich behaupte sogar, dass unser geschichtliches Gedächtnis viel weniger von den Zufällen der äußeren Überlieferung und Erhaltung abhängt als von unserem Interesse. Wir wissen von der Vergangenheit nur unsere Vergangenheit; wir verstehen von dem Gewesenen

---

[3] Gustav Landauer, Die Revolution, S. 95f. In den Jahren 1910/11 veröffentlichte Landauer den Text Etienne de La Boëties in sechs Folgen im „Sozialist". s. auch: Ulrich Klemm (Hrsg.), Etienne de La Boëtie, Knechtschaft. Neuausgabe der Übersetzung von Gustav Landauer „Von der freiwilligen Knechtschaft". Münster/Ulm 1991.

nur, was uns heute etwas angeht; wir verstehen das Gewesene nur so, wie wir sind, wir verstehen es als unseren Weg. Anders ausgedrückt heißt das, dass die Vergangenheit nicht etwas Fertiges ist, sondern etwas Werdendes. Es gibt für uns nur Weg, nur Zukunft; auch die Vergangenheit ist Zukunft, die mit unserem Weiterschreiten wird, sich verändert, anders gewesen ist."[4]
Da sich die Vergangenheit verändert, wandeln sich mit jeder neuen Wirkung auch die sogenannten Ursachen: „Die Vergangenheit ist das, wofür wir sie nehmen, und wirkt dem entsprechend sich aus; wir nehmen sie aber nach tausenden von Jahren als ganz etwas anderes als heute, wir nehmen sie oder sie nimmt uns mit fort auf den Weg."[5] Für Gustav Landauer existierten zwei verschiedenen Bereiche angehörige Vergangenheiten: „Die eine Vergangenheit ist unsere eigene Wirklichkeit, unser Wesen, unsere Konstitution, unsere Person, unser Wirken. Was immer wir tun, die herüberlangenden und durchgreifenden lebendigen Mächte des Vergangenen tun es durch uns hindurch. Diese eine Vergangenheit manifestiert sich auf unendlichfache Art in allem, was wir sind, werden und geschehen. Unendlichfach in jedem Individuum, und wie viel unendlichfacher in dem Getriebe aller gleichzeitig Lebenden und ihren Beziehungen zu ihrer Umwelt. Alles was in jedem Moment überall geschieht, ist die Vergangenheit. Ich sage, nicht, dass es die Wirkung der Vergangenheit ist; ich sage, sie ist es. Ganz etwas anderes aber ist jene zweite Vergangenheit, die wir gewahren, wenn wir zurückblicken [...] Jene andere Vergangenheit, nach der wir uns umblicken, die wir aus Überresten konstruieren, von der wir unseren Kindern berichten, die als Bericht der Vorfahren auf uns gekommen ist, hat den Schein der Starrheit, kann sich auch nicht, da sie zum Bild geworden, keine Wirklichkeit mehr ist, fortwährend verändern. Sie muss vielmehr von Zeit zu Zeit, in einer Revolution der Geschichtsbetrachtung, revidiert, umgestürzt und neu aufgebaut werden."[6] Entgegen der These von historischer Kontinuität stellte sich für Landauer die Geschichte

---

4 Gustav Landauer, Die Revolution, S. 42.
5 Ebd. S. 43.
6 Ebd. S. 43ff.

spätestens seit dem Spätmittelalter – beginnend mit Meister Eckhart, der Reformation und den Bauernkriegen – als eine Geschichte andauernder Revolutionen dar.[7]
Gustav Landauer definierte die Revolution nicht als einen einmaligen Vorgang, sondern als einen sich über Jahrhunderte hinziehenden Prozeß, eine permanente Tat. Es erschien ihm unentbehrlich, „die Erscheinung der Revolution vom Standorte der sozialen Psychologie zu betrachten", denn „die Sozialpsychologie ist selbst nichts anderes als die Revolution."[8] Als Sozialpsychologen, sprich: Revolutionäre in diesem Verständnis, bezeichnete er Jean-Jacques Rousseau, Voltaire und Max Stirner. Historisch betrachtet sei die Enthauptung des englischen Königs Karl I. am 30. Januar 1649 in London sowie die Erstürmung der Bastille am 14. Juli 1789 in Paris angewandte Sozialpsychologie gewesen: „[...] jede Untersuchung und Analyse der heiligen Gebilde und überindividuellen Formationen ist revolutionär."[9] So spiegeln sich innerhalb der Geschichtswissenschaft die beiden Tendenzen der historischen Praxis wider: „[...] auf der einen Seite Aufbau von überindividuellen Gebilden und höheren Organisationsformen, die dem Leben der Individuen Sinn und Heiligung geben; auf der anderen Seite Zerstörung und Abschüttelung eben dieser Formen, wenn sie der Freiheit und dem Wohlstand der Individuen unerträglich geworden sind."[10]
Gustav Landauer betonte, dass sich die Revolution auf die gesamten, vom Menschen für sein Zusammenleben geschaffenen Erscheinungsformen beziehen müsse. Dieses „Gemenge des Mitlebens im Zustand relativer Stabilität"[11] nannte er „Topien": „Die Topie schafft allen Wohlstand, alle Sättigung und allen Hunger, alle Behausung und alle Obdachlosigkeit; die Topie ordnet alle

---

7 Den aus Böhmen stammenden Peter Chelčický (1390-1460) bezeichnete Landauer als „christlichen Anarchisten", der erkannt hatte, „dass Kirche und Staat die Todfeinde des christlichen Lebens seinen." (ebd. S. 67)
8 Ebd. S. 29.
9 Ebd. S. 29.
10 Ebd. S. 29.
11 Ebd. S. 32.

Angelegenheiten des Miteinanderlebens der Menschen, führt Kriege nach außen, exportiert und importiert, verschließt oder öffnet die Grenzen; die Topie bildet den Geist und die Dummheit aus, gewöhnt an Anstand und Lasterhaftigkeit, schafft Glück und Unglück, Zufriedenheit und Unzufriedenheit; die Topie greift auch mit starker Hand in die Gebiete ein, die ihr nicht angehören: das Privatleben des Individuums und die Familie."[12]

Der „Topie" stellte Gustav Landauer die „Utopie" gegenüber, die er dem Bereich des Individuallebens, der Kritik und „Ungebundenheit des Geistes" zurechnete: „Unter Utopie verstehen wir ein Gemenge individueller Bestrebungen und Willenstendenzen, die immer heterogen und einzeln vorhanden sind, aber in einem Moment der Krise sich durch die Form des begeisterten Rausches zu einer Gesamtheit und zu einer Mitlebensform vereinigen und organisieren: zu der Tendenz nämlich, eine tadellos funktionierende Topie zu gestalten, die keinerlei Schädlichkeiten und Ungerechtigkeiten mehr in sich schließt."[13]

Auf jede Topie folgte für Landauer eine Utopie, die wiederum zur Topie führt: „Die Utopie ist also die zu ihrer Reinheit destillierte Gesamtheit von Bestrebungen, die in keinem Fall zu ihrem Ziel führen, sondern immer zu einer neuen Topie."[14]

Die Zeitspanne zwischen zwei Topien nannte er Revolution: „Die Revolution ist also der Weg von der einen Topie zur anderen, von

---

12 Ebd. S. 32. An Fritz Mauthner schrieb er am 5.10.1907: „Das Wort 'Topie' habe ich halb im Spaß als Gegensatz zu Utopie gebildet, es dann aber im Ernst brauchbar gefunden." In: Gustav Landauer, Sein Lebensgang in Briefen. Hrsg. von Ina Britschgi-Schimmer und Martin Buber. 2. Bde. Ffm 1929, Bd 1, S. 172.

13 Ebd. S. 32. Landauers Utopieverständnis ist ambivalent: zwar verneint er die Utopie nicht grundlegend, sondern sieht sie synonym mit dem Entwurf einer zukünftigen Gesellschaft; zugleich sieht er in ihr keine notwendige Voraussetzung, um zur Anarchie zu gelangen. Während er an der sozialkritischen Bedeutung der Utopie festhielt, begegnete er gleichzeitig einem Verständnis von Utopie als idealer Gesellschaftsform kritisch. In dem sich Landauer von materialistischen bzw. deterministischen Geschichtstheorien unzweideutig distanzierte, läßt er sich dennoch als Utopist bezeichnen. (vgl. hierzu: Bernhard Braun, Die Utopie des Geistes, S. 158)

14 Ebd. S. 33.

einer relativen Stabilität über Chaos und Aufruhr, Individualismus [...] zu einer anderen relativen Stabilität."[15] Während jede Topie sowohl „die siegreichen Elemente der vorhergehenden Utopie" als auch die „erhalten gebliebenen Elemente" der früheren Topien beinhalte, bestehe die Utopie aus der „Reaktion gegen die Topie, aus der sie erwächst" und „aus der Erinnerung an sämtliche bekannten früheren Utopien."[16] Eigentliche Aufgabe der Topie sie es, die Utopie zu retten. Dies bedeute gleichzeitig auch, dass sie die Phase der Utopie wieder ablöst, denn „die praktischen Erfordernisse des Mitlebens während der Epoche des revolutionären Aufruhrs und Übergangs bringen es mit sich, dass in der Form der Diktatur, Tyrannis, provisorischen Regierung, anvertrauten Gewalt oder ähnlichem sich während der Revolution die neue Topie bildet."[17]

Dadurch, dass die Topie immer der dem Bereich des Individuallebens angehörenden Utopie den Untergang beschere, könne die Utopie niemals zur äußeren Realität reifen: „[...] die Revolution ist nur das Zeitalter des Übergangs von einer Topie zur anderen, anders gesagt: die Grenze zwischen zwei Topien."[18] Und doch seien die Utopien immer nur „scheintot, und bei einer Erschütterung ihres Sarges, der Topie, leben sie [...] wieder auf."[19] Die Utopie wirke, da sie „sehr stark das Moment der begeisterten Erinnerung an sämtliche bekannte frühere Utopien in sich birgt [...] auch in der Zeit relativ stabiler Topien unterirdisch weiter"[20], um schließlich wieder Revolution zu werden. Revolution sei keine „Zeitspanne oder Grenze, sondern ein Prinzip, das über weite Zeiträume hinweg [...] immer weiter schreitet."[21] Wenn auch der zukünftige Weg unbekannt scheine, so ließe sich doch als grundlegend für eine allumfassende gesellschaftliche Veränderung festhalten, dass sie „mit einigen Riesenschritten aus fernen Zeiträumen über die

---

15 Ebd. S. 33.
16 Ebd. S. 34.
17 Ebd. S. 35.
18 Ebd. S. 36.
19 Ebd. S. 34.
20 Ebd. S. 36.
21 Ebd. S. 36.

Jahrhunderte hinweg gehe – in die Zukunft hinein"[22], allerdings „nicht über die Richtungen und Kämpfe des Tages [...] sondern über Unbekanntes, Tiefbegrabenes und Plötzliches."[23]

III.

Mit der Veröffentlichung seiner geschichtsphilosophischen Monographie „Die Revolution", die, in Fortsetzung von „Skepsis und Mystik" (1903), der Frage nachging, wie Gemeinschaft entdeckt werden kann, sowie mit dem Erscheinen der „Dreißig sozialistischen Thesen"[24], die zum ersten Mal eine detaillierte inhaltliche Konzeption von Landauers föderativ-kommunitären Kultursozialismus enthielten, begann für ihn, nach annähernd einem Jahrzehnt weitgehend privater Zurückgezogenheit und intensiven philosophischen, literarischen und historischen Studien, eine Zeit erneuter politischer Öffnung. 1908 wurde der „Sozialistische Bund" begründet, der es als vordringlichste Aufgabe ansah, die Grundlagen der anarchistischen Gesellschaft zu schaffen, vor allem durch die Gründung sozialistischer „Siedlungen". In diesem Kontext einer gesellschaftlichen Neuorientierung in Richtung auf einen Kultursozialismus betonte Gustav Landauer, dass sich eine revolutionäre, das heißt substantielle Transformation der Gesellschaft nicht auf einen politischen oder sozialen Vorgang reduzieren lasse. Bedeutsamer erschien ihm der persönliche Neuanfang, die Revolutionierung des Bewußtseins einzelner Menschen, die Wiedergewinnung menschlicher Beziehungen in einem gemeinschaftlich organisierten Leben und der Wiederanschluß an die Natur. Für ihn markierte die antistaatliche und antihierarchische Revolution eine gesellschaftliche Neuorientierung in Richtung auf einen Kultursozialismus. In diesem Kontext bedeutet Revolution sowohl Entdeckung von Vorhandenem und Gewachsenem als auch eine radikale Erneuerung sämtlicher sozialer Strukturen. Geschichte beinhaltet in Landauers Denken nichts primär Neues, sondern Fortdauer von bereits Vergangenem. Der einzelne trägt die Ge-

---

22 Ebd. S. 36.
23 Ebd. S. 117.
24 Gustav Landauer, Volk und Land. Dreißig sozialistische Thesen. In: Die Zukunft vom 12.01.1907.

schichte seiner Vorfahren und führt sie weiter. Vergangenheit galt Landauer nicht als abgeschlossen, sie unterliegt vielmehr permanenter Wandlung. Jede geschichtliche Bewegung hätte sich so das Selbstverständnis einer gleichzeitig bewahrenden und revolutionären Kraft zu erwerben: Revolution erscheint nur möglich als „Rückgriff auf das Gewesene."[25] Die materiellen und soziokulturellen Voraussetzungen seines kommunitär-föderativen Anarchismus sah Landauer als gegeben an: sie brauchten lediglich wiederentdeckt und erneut aufgenommen zu werden.

Um die Prozeßhaftigkeit seines Revolutionsverständnisses zu unterstreichen, schlug Landauer vor, die bisherige Einteilung von Altertum, Mittelalter und Neuzeit durch diejenige von Fremdgeschichte (Assyrer, Perser, Ägypter, Chinesen, Inder, Uramerikaner usw.), Nachbargeschichte (Juden, Griechen und Römer) und eigener Geschichte, die mit der 'Geburt' des Christentums einsetzte, zu ersetzen. Als durchaus problematisch erweist sich diese Periodisierung hinsichtlich der Einteilung des europäischen Judentums in den Bereich der Nachbargeschichte. Sie belegt Landauers weitreichende Assimilation und die zum damaligen Zeitpunkt noch tiefsitzende Identifikation mit der christlichen Dominanzkultur. Landauer hat sich erst in den nachfolgenden Jahren – nicht zuletzt unter dem Einfluß Martin Bubers – auch seinen jüdischen Wurzeln angenähert und sich schließlich selbstbewußt zu seinem Judentum bekannt.[26]

IV.

„Die Revolution" entstand auf Anregung seines langjährigen Freundes Martin Buber.[27] Am 26. Juli 1906 trug ihm Buber, Herausgeber der insgesamt vierzig Bände umfassenden, angesehenen Reihe „Die Gesellschaft" (1906-1912), folgenden Wunsch vor: „Lie-

---

25 Heinz-Joachim Heydorn, Einleitung zu Gustav Landauer, Zwang und Befreiung. Auswahl aus seinem Werk. Köln 1968, S. 28.

26 Siegbert Wolf, „...der Geist ist die Gemeinschaft, die Idee ist der Bund" Gustav Landauers Judentum. In: Erich-Mühsam-Gesellschaft (Hrsg.), Erich Mühsam und das Judentum. Schriften der Erich-Mühsam-Gesellschaft. Heft 21. Lübeck 2002, S. 85ff.

27 Zur Freundschaft zwischen Landauer und Buber siehe: Siegbert Wolf, Martin Buber zur Einführung. Hamburg 1992.

ber Landauer – In Sachen „Gesellschaft" steht es so: *dem Verleger* liegt es begreiflicherweise daran, bald einen Band über das aktuelle und interessante Thema „Die Revolution" zu bringen, und *ich* kann nicht umhin, Sie nach wie vor für den zur Behandlung dieses Themas Berufenen zu halten Glauben Sie, dass ich mich hierin irre, und können Sie mir mit ruhigem Gewissen auch nur *einen* anderen Namen nennen? Das seelische Problem des Revolutionärs und das des Revolution-Erlebenden ist heute mehr als irgend ein sozialpsychologisches von Journalistenphrasen übertüncht; wem kann ich die Wiederherstellung anvertrauen? Die Voraussetzungen sind: die individuelle Selbst-Erfahrung in unverdorbener Lebendigkeit, die dennoch schon gefestigte Überlegenheit, die das innen und außen Erfahrene besitzt und meistert, und die *absolute* Ehrlichkeit, ich meine die, die der gangbaren relativen Erzfeind ist. Und noch eines: nicht bloß der Verleger, sondern auch ich von meinem Gesichtspunkte halte es für höchst wünschenswert, dass in der Zeit einer so paradoxen Revolution, wie die ist, die wir miterleben dürfen, ein wesentliches Wort darüber gesagt wird, was die Revolution als seelischer Prozeß ist. Und Sie sollten wirklich gar keine innere Nötigung haben?"[28] Nach eingehender Überlegung, ob er überhaupt Zeit für die vorbereitende Lektüre bzw. für das Abfassen des Manuskripts aufbringen könnte, erklärte sich Landauer zur Niederschrift bereit. Obgleich die Arbeit daran wiederholt unterbrochen werden musste, „weil ich zwischenhinein anderes schreiben, und zum Zwecke des Schreibens lesen muss"[29], schickte er im April 1907 die Hälfte der „Revolution", insgesamt sechzig Manuskriptblätter, an Buber.[30] Zwei Monate später lag

---

28 In: Martin Buber, Briefwechsel aus sieben Jahrzehnten. 3 Bde. Hrsg. und eingeleitet von Grete Schaeder. Heidelberg 1972, Bd 1: 1897-1918, S. 245f. [hier: S. 245] Bereits in einem Brief Gustav Landauers an Fritz Mauthner vom 21.05.1906 spricht Landauer davon, dass Buber „mich zur Mitarbeit aufgefordert hat [...]" In: Gustav Landauer – Fritz Mauthner. Briefwechsel 1890-1919. Bearb. v. H. Delf. München 1994, S. 130f. [hier: S. 130]; s. auch Brief Gustav Landauer an Fritz Mauthner vom 22.05.1960. In: Ebd. S. 131.

29 Brief Gustav Landauers an Fritz Mauthner vom 02.03.1907. In: Gustav Landauer- Fritz Mauthner. Briefwechsel, S. 157f. [hier: S. 158]

30 Brief Gustav Landauers an Martin Buber vom 09.04.1907. In: Martin Buber, Briefwechsel aus sieben Jahrzehnten, Bd 1, Ebd. S. 254; Gustav

dem Freund auch der zweite Teil vor: „Lieber Landauer", schrieb er am 5. Juni 1907 voll des Lobes, „mit innigem Interesse habe ich den zweiten Teil Ihrer Arbeit gelesen; mit jener zarten und starken Freude, die einem mitunter ein Vormorgen im Tiroler Mittelgebirge gewährt, wenn die Dinge im weiten Land ganz klar und doch auch ganz in den Dunst der Ferne und in den großen Zusammenhang getaucht erscheinen."[31] Bereits einen Tag später antwortete ihm Landauer hocherfreut und nahm hierbei den Vergleich mit dem von beiden geschätzten Gebirgswandern auf: „Lieber Buber! Das freut mich herzlich; denn das muss der Eindruck sein, und es ist mir also geraten. Psychologisch ist es mir interessant, dass Ihnen dabei ein landschaftlich-malerisches Gleichnis kam, während es bei mir sicher ein musikalisches gewesen wäre. Während der ganzen Arbeit der letzten Zeit bin ich ein Gefühl musikalischer Komposition nicht losgeworden, mit ihren notwendigen Wiederholungen, Variationen, Steigerungen und Verschlingungen."[32] Über die inhaltliche Komposition seines Buches gibt ein Brief vom 5. Oktober 1907 an den befreundeten sprachkritischen Philosophen Fritz Mauthner, dem er das Manuskript vor der Drucklegung zugeschickt hatte und von dem er ebenfalls Zustimmung erfuhr, Auskunft: „Was die Architektur des Buches angeht, so getraue ich mich, Dir unumschränkt Unrecht zu geben. Aufbau war in meinen früheren Büchern nicht die starke Seite, und ich habe mich darum gefreut, dass er mir diesmal so wohl geraten ist. [...] Das Buch besteht aus einer methodologischen Einleitung und geht dann zu dem über, was ich unseren Weg nenne, zu dem historisch-prophetischen Teil, wie Du sagst. Auf diesen Teil folgt

---

Landauer, Sein Lebensgang in Briefen, Bd 1, S. 165; s. auch Brief Gustav Landauers an Fritz Mauthner vom 09.04.1907. In: Gustav Landauer - Fritz Mauthner. Briefwechsel, S. 158f.

31 In: Martin Buber, Briefwechsel aus sieben Jahrzehnten, Bd 1, S. 255: Landauer unterrichtete Mauthner am 04.06.1907: „Heute habe ich mein Manuskript der „Revolution" abgeschlossen, und bin nach ziemlich viechsmäßiger Arbeit - musste noch viele Studien machen und immer zwischenhinein anderes treiben - recht froh." In: Gustav Landauer - Fritz Mauthner. Briefwechsel, S. 160f. [hier: S. 160]

32 Brief Gustav Landauers an Martin Buber vom 06.06.1907. In: Ebd. S. 255f.; Gustav Landauer, Sein Lebensgang in Briefen, Bd 1, S. 168f.

nichts mehr, nicht einmal das kleinste Schlußwort. Dogmatische Psychologie zu geben, habe ich einleitend in Auflehnung gegen das Programm Bubers abgelehnt; ich gebe nur historische Psychologie im Anschluß an die einzelnen Etappen der Revolution. Diese Betrachtungen sind über das ganze Buch zerstreut, setzen schon in der Einleitung ein, finden sich allenthalben, und so auch gegen den Schluß bei Betrachtung der Revolutionen des 18., 19. und 20. Jahrhunderts. Ich habe absichtlich nicht den Schluß mit den üblichen Paukenschlägen geschrieben, sondern versuchte, unentschieden, diminuendo, fragend ausklingen zu lassen, weil die Bewegung, die ich schildern wollte, im Stillstand und im Weitergehen ist."[33] Zu Landauers Ungeduld verzögerte sich das Erscheinen seines Buches.[34] Am 5. Oktober 1907 schrieb er, noch immer vergeblich wartend, an Fritz Mauthner: „Ich habe den Wunsch, mein Büchlein möge mit Deinem über die Sprache [gemeint ist „Die Sprache". Ffm 1907 = Die Gesellschaft Bd 9 - S. W.] zusammen auf ein paar Menschen wirken; sie treffen sich in einigem und paralepsieren sich vielleicht wohltätig in anderem. Denn Du bist der Anarchist in Deinem Sinn des Worts, und ich in meinem. Und das sind doch recht verschiedene Dinge, fast so verschieden, wie Individualismus und Sozialismus. Nur dass ich reichlich Individualismus in meinen Sozialismus mitnehmen will."[35] Endlich, im Januar 1908, wurde „Die Revolution", vom Verlag ausgeliefert. Hocherfreut berichtet er Mauthner: „Meine 'Revolution' ist in der Tat heraus; aber Du kennst ja diesen Verleger. Er hat mir nun versprochen, die Rezensionsexemplare, worunter Dein Exemplar ist, sämtlich diesen Samstag zu verschicken. Hast du es Montag nicht, so bitte ich um eine Zeile, dann bekommst Du's von mir."[36]

---

33 In: Gustav Landauer, Sein Lebensgang in Briefen, Bd 1: S. 170ff. [hier: S. 171]
34 Briefe Gustav Landauers an Fritz Mauthner vom 31.08., 16.09., 30.09., 20.11. u. 23.12.1907. In: Gustav Landauer - Fritz Mauthner. Briefwechsel, S. 165, 168f., S. 169f.
35 In: Gustav Landauer - Fritz Mauthner. Briefwechsel, S. 166f. [hier: S. 167]; auch abgedruckt in: Gustav Landauer, Sein Lebensgang in Briefen, Bd 1, S. 170ff.
36 Brief Gustav Landauers an Fritz Mauthner vom 23.01.1908. In: Gustav Landauer - Fritz Mauthner. Briefwechsel, S. 172f.; s. auch Brief

Dass dieser Schrift Landauers für die weitere Diskussion über den Utopie-Begriff nachhaltige Bedeutung zukam, verdeutlicht ihre Rezeption durch Ernst Bloch und Karl Mannheim. Beide stützten sich in ihren Utopiebetrachtungen erheblich auf Landauers „Revolution" - Mannheim kritisch, während Bloch die Quelle seiner Inspiration nicht preisgab.[37]

V.

Die politische Revolution stellte für Gustav Landauer niemals einen Selbstzweck dar. Sie sollte vielmehr das Terrain bereiten und das gesellschaftliche Gefüge derart erschüttern, dass die kommunitäre Umgestaltung der Gesellschaft vorstellbar und praktisch möglich werden konnte. Als spontaner Akt der Revolte und Verneinung sollte die Revolution einen Aufschwung gesellschaftlicher Entwicklung bewirken und den Menschen einen Ausweg aus Anonymität und Isolation ihrer bestehenden Lebensverhältnisse eröffnen. Darin aber blieb sie für Landauer immer Provisorium und Prozeß. Eine lediglich als politischer Umsturz wahrgenommene Revolution könne die in sie gesetzten Erwartungen nicht erfüllen. Was Landauer während des Ersten Weltkriegs anhand seiner er-

---

Gustav Landauers an Fritz Mauthner vom 08.04.1908. In: Ebd. S. 176ff. Am 15.09.1908 berichtet Landauer Buber, dass sich inzwischen sogar katholische Geistliche, Mönche des Benediktinerklosters Maria Hilf im niederbayerischen Vilshofen, für sein Buch „Die Revolution" interessierten und ihn um ein Exemplar für die Klosterbibliothek gebeten hätten. In: Gustav Landauer, Sein Lebensgang in Briefen, Bd 1, S. 210.

37 Ernst Bloch, Geist der Utopie. München 1918 [weitere Aufll.]; s. auch die kritischen Anmerkungen Landauers anläßlich des Erscheinens von Blochs Buch: Brief an Margarete Susman vom 31.01.1919 In: Gustav Landauer, Sein Lebensgang in Briefen, Bd 2, S. 371ff.; Karl Mannheim, Ideologie und Utopie. Bonn 1929. 6. Auflage Ffm 1969, S. 173. Rezensionen der „Revolution" erschienen u. a. von: Werner Daya, Gustav Landauer, Die Revolution [Rez.] In: Der Demokrat 2 (1910), Nr. 41, Beilage; Carl Jentsch [Rez. von „Die Revolution"] In: Die Zeit, 1908; Samuel Saenger, Gustav Landauer „Die Revolution" [Rez.] In: Die neue Rundschau 19 (1908), Bd 1, S. 922f.; Helmut Tormin [Rez. von „Die Revolution" und „Aufruf zum Sozialismus"] In: Freideutsche Jugend. Monatsschrift für das junge Deutschland 5 (1919), H. 3, März, S. 136.

neuten Beschäftigung mit Entstehung, Entwicklung und Auswirkung der Französischen Revolution von 1789 als Gründe für deren Niedergang erkannte, nämlich, dass die Menschheit damals zu einer Wiedergeburt und Rekonstruktion nicht fand, „weil die Revolution sich mit dem Krieg, mit der Gewalttat, mit der Befehlsorganisation und autoritären Unterdrückung, mit der Politik verband"[38], übertrug er, unablässig für eine föderative Rätestruktur der neuen Gesellschaft eintretend, in die Münchner Revolutionszeit 1918/19.[39] Den Fundus anarchistischer Theorien ausschöpfend, stellte er wiederholt heraus, dass die Aufhebung bestehender Machtverhältnisse allein nicht ausreicht, um zu einer Regeneration des kollektiven Lebens zu gelangen und die Gemeinschaft freier Menschen wachsen zu lassen.

Letztendlich war es Gustav Landauer nicht um eine Revolution der Gesellschaft, sondern um eine Vergesellschaftung der Revolution zu tun. Auch den nachfolgenden Generationen sollte noch die Möglichkeit kulturrevolutionärer Erneuerung gegeben sein. Somit bezog er Revolution nicht nur auf die gegenwärtige, sondern auch auf zukünftige Menschheit und distanzierte sich hierbei deutlich von traditionellen Revolutionsauffassungen: „Das brauchen wir wieder: eine Neuregelung und Umwälzung durch den Geist [gemeint ist die umfassende Veränderung des menschlichen Bewußtseins – S. W.], der nicht Dinge und Einrichtungen endgültig festsetzen, sondern *der sich selbst als permanent erklären wird*. Die Revolution muss ein Zubehör unserer Gesellschaftsordnung, muss die Grundregel unserer Verfassung werden."[40]

---

38 Gustav Landauer, Vorwort zu: ders. (Hrsg.), Briefe aus der Französischen Revolution. Ffm 1919, Neuauflage Ffm 1990, S. 10.
39 Ulrich Linse (Hrsg.), Gustav Landauer und die Revolutionszeit 1918/19. Die politischen Reden, Schriften, Erlasse und Briefe Landauers aus der November-Revolution 1918/1919. Berlin 1974; Michael Seligmann, Aufstand der Räte. Die erste bayerische Räterepublik vom 7. April 1919. Grafenau 1989.
40 Gustav Landauer, Aufruf zum Sozialismus. Berlin 1911. Neuauflage mit einem Nachwort von Siegbert Wolf. Berlin 1998, S. 129; Siegbert Wolf, „Die Anarchie ist das *Leben* der Menschen". Gustav Landauers kommunitärer Anarchismus aus heutiger Sicht. In: Wolfram Beyer (Hrsg.), Anarchisten. Zur Aktualität anarchistischer Klassiker. Berlin 1993, S. 73ff.

Der Gedanke persönlicher Freiheit und sozialer Gerechtigkeit knüpfte sich für Gustav Landauer zwar an keinerlei vorgegebenes Transformationskonzept, grenzte sich aber deutlich gegenüber einer primär auf die Eroberung der politischen Macht im Staat angelegten Programmatik ab. Er hielt die Menschen für befähigt, aus eigenem Antrieb zur Gemeinschaft und zu einem humanen modus vivendi zu finden, sobald sie beginnen, ihre Unabhängigkeit vom vorgegebenen Ordnungsgefüge zu erringen und gemäß freiheitlicher Ideale zusammenzuleben. Reflektierende Selbsterfahrung und solidarisches Handeln beschrieb er als die ersten wichtigen Schritte zu einem kommunitären Miteinander. Landauer hob damit die Bedeutung der kleinen Veränderungen im Alltagsleben der einzelnen hervor und verdeutlichte, wie sie zur Entwicklung und Kultivierung der Gemeinschaftsidee führen könnten. Nicht in Kirche und Staat, sondern im Individuum erkannte er den gemeinschaftsbildenden Geist, der zu den Bünden der Freiwilligkeit und Freiheit führe. Auf diesem Weg sollte sich das Ziel – der Bund, die freie, sich selbst verwaltende Gemeinde – konkretisieren und vermitteln lassen: „Für mich ist das alles Ein Ding: Revolution – Freiheit – Sozialismus – Menschenwürde, im öffentlichen und gesellschaftlichen Leben – Erneuerung und Wiedergeburt – Kunst und Bühne."[41]

VI.

Gustav Landauers Revolutionstheorie umfaßt zum einen eine antistaatliche, antiparlamentarische Position und zum anderen die Idee einer gesellschaftlichen Neuordnung in Richtung auf einen Kultursozialismus. Hierbei beinhaltete die Revolution sowohl Entdeckung von Vorhandenem und Gewachsenem, als auch eine „regeneratio", eine Erneuerung aller menschlichen und sozialen Lebensverhältnisse von Grund auf. Für Landauer lagen die objektiv-materiellen und sozio-kulturellen Voraussetzungen seines föderativ-kommunitären Anarchismus stets vor und brauchten lediglich noch entdeckt zu werden. Die entstaatlichende Neugliederung der Gesellschaft ohne Zentralismus und Hierarchie, in der

---

41 Brief Gustav Landauers an Louise Dumont-Lindemann vom 08.01.1919. In: Gustav Landauer, Sein Lebensgang in Briefen, Bd 2, S. 353.

Individualität und Gemeinschaftlichkeit keine sich widersprechenden, sondern einander ergänzende und verbindende Lebensprinzipien darstellen, bildete die Grundlage seines Geschichtsbildes. Für Landauer gab es keine 'objektiven' Gesetzmäßigkeiten historischer Entwicklung – was auch seine vehemente Ablehnung des historischen Materialismus erklärt. Sein föderativ-kommunitärer Anarchismus war nicht an eine bestimmte gesellschaftliche Entwicklungsstufe gebunden, sondern jederzeit möglich, sobald sich Menschen zusammenschließen, um gleichberechtigt, frei und solidarisch miteinander zu verfahren: „Denn Sozialismus [...] hängt seiner Möglichkeit nach gar nicht von irgendeiner Form der Technik und der Bedürfnisbefriedigung ab. Sozialismus ist zu allen Zeiten möglich, wenn eine genügende Zahl Menschen ihn will."[42] Indem er Geschichte nicht als naturgesetzlich begriff, stellte er die bewahrende Erinnerung an freiheitlich-utopische Lebens- und Kulturformen (z.B. häretische Lebensgemeinschaften, Dorf- und Markgenossenschaften, Brüderschaften, Städtebünde usw.) in das Zentrum seiner Sicht auf Geschichte. Vor allem im Mittelalter, „dieser bisher einzigen Blütezeit unserer eigenen Geschichte", einer „Synthese von Freiheit und Gebundenheit"[43], erkannte er, auf die ethnographischen Studien Peter Kropotkins gestützt[44], Vorbilder seines föderativ-kommunitären Anarchismus: „[...] das christli-

---

42 Gustav Landauer, Aufruf zum Sozialismus, S. 66.
43 Gustav Landauer, Die Revolution, S. 50. Über Landauers Mittelalterbegeisterung s. Michael Löwy, Erlösung und Utopie. Jüdischer Messianismus und libertäres Denken. Eine Wahlverwandtschaft. Berlin 1997, S. 177ff. [unveränderter Nachdruck Berlin 2002] Kritisch anzumerken ist, dass Landauers Bewunderung des Mittelalters als Zeitalter des „Gemeingeistes" im Gegensatz zur Neuzeit, für ihn eine Periode des „Ungeistes", von historischen Verkürzungen und Verklärungen geprägt ist. Das ca. 1.000 Jahre umfassende Mittelalter zeichnete sich durch Vielfältigkeiten aus, die mit Landauers positiven Beschreibungen allein mitnichten zu erfassen sind – Feudalismus, Inquisition, Kreuzzüge, Judenpogrome usw. stehen seinem Bild von „Gemeingeist" diametral gegenüber – und hängen sicherlich auch mit der allgemeinen Mittelalterbegeisterung am Ende des 19. Jahrhunderts zusammen.
44 Peter Kropotkin, Gegenseitige Hilfe in der Entwicklung, übersetzt und mit einem Vorwort von Gustav Landauer. Leipzig 1904; ders., Gegenseitige Hilfe in der Tier- und Menschenwelt. Hrsg. von Gustav Landauer. Ungekürzte Volksausgabe. Leipzig 1908 [weitere Aufll.]

che Zeitalter repräsentiert eine Stufe der Kultur, wo mannigfaltige Gesellschaftsgebilde, die ausschließlich sind und nebeneinander bestehen, von einem einheitlichen Geist durchdrungen eine in Freiheit sich zusammenschließende Gesamtheit vieler Selbstständigkeiten darstellen. Wir nennen dieses Prinzip des Mittelalters im Gegensatz zum Prinzip des Zentralismus und der Staatsgewalt, das immer da eintritt, wo der gemeinsame Geist verloren gegangen ist, das Prinzip der Schichtung. Wir wollen nicht behaupten, es habe in der christlichen Zeit keinen Staat gegeben […] aber jedenfalls hat es keinerlei Allgewalt des Staates, keinen Staat als Zentralform aller übrigen Formen der Gemeinschaft gegeben […] die christliche Zeit wird charakterisiert […] durch diese Gesamtheit von Selbstständigkeiten. die sich gegenseitig durchdrangen, die sich durcheinander schichteten, ohne dass daraus eine Pyramide oder irgendwelche Gesamtgewalt geworden wäre. Die Form des Mittelalters war nicht der Staat, sondern die Gesellschaft, die Gesellschaft von Gesellschaften."[45]

Ausgehend vom voluntaristischen Primat des „Wollens" sah Landauer seinen Kultursozialismus dann zur gelebten Wirklichkeit reifen, sobald die Idee einer Synthese von Freiheit und Gebundenheit zum Gemeingut geworden sei. Seine Vorstellung einer „werdenden Menschheit" gründete auf dem exemplarischen „Beginnen" in neuen, freiheitlichen Gemeinschaften, auf der Freiwilligkeit des Einzelnen und auf freien Vereinbarungen untereinander: „Der Sozialismus", schrieb er während der Revolution 1918/19, „muss gebaut, muss errichtet, muss aus neuem Geist heraus organisiert werden. Dieser neue Geist waltet mächtig und innig in der Revolution. Puppen werden zu Menschen; eingerostete Philister werden der Erschütterung fähig; alles, was feststeht, bis zu Gesinnungen und Leugnungen, kommt ins Wanken; aus dem sonst nur das Eigene bedenkenden Verstand wird das vernünftige Denken, und Tausende sitzen oder schreiten rastlos in ihren Stuben und hecken zum ersten Mal in ihrem Leben Pläne aus fürs Gemeinwohl; […] das Unglaubliche, das Wunder, rückt in den Bereich des Möglichen; die in unseren Seelen, in den Gestalten und Rhythmen der Kunst, in den Glaubensgebilden der Religion, in Traum

---

45 Gustav Landauer, Die Revolution, S. 56f.

und Liebe, im Tanz der Glieder und Glanz der Blicke sonst verborgene Wirklichkeit drängt zur Verwirklichung. [...] die Umwandlung der Gesellschaft kann nur in Liebe, in Arbeit, in Stille kommen. [...] Der Sozialismus also muss gebaut werden [...]"[46]

---

46 Gustav Landauer, Vorwort in: Aufruf zum Sozialismus. 2. Auflage, Berlin 1919, S. 7f., 10.

Erstausgabe 1907

Gustav Landauer

Die Revolution

Hier siehst du nun den Passionsweg, den du Untergang nennst, der du nach dem Wege derer urteilst, die schon auf ihm fortgegangen sind, ich aber Rettung, da ich nach der Folge derer urteile, die da kommen werden.

Maximus Tyrius[1]

---

[1] Maximus Tyrius (125-195), Rhetor und Philosoph, Anhänger Platons. Nicht kommentiert sind allgemein bekannte Namen (Goethe, Kant, Hegel usw.) bzw. diejenigen Personen, über die im Text bereits Informationen vorliegen.

Gustav Landauer, 1919

Soziologie ist keine Wissenschaft; auch wenn sie es wäre, wäre die Revolution aus besonderen Gründen einer wissenschaftlichen Behandlung verschlossen.

Exakte Wissenschaft kommt so zustande: der kombinierte Sinnenverstand des Menschen erfährt Erlebnisse, die er in Konstruktionen des Seins umwandelt. Gedächtnis und Sprache kommen dazu und arbeiten in derselben Richtung weiter: ein neues Stockwerk von Konstruktionen des Seins wird aufgesetzt. So haben wir feste, isolierte Dinge als Träger alles Geschehens, Wirkens und Änderns, und als Behältnisse für sie oder auch als neue Selbstständigkeiten Begriffe, Abstraktionen usw. Die Aufgabe der exakten Wissenschaft ist nun, dieses Sein, das um unserer Sinne und unserer Verständigung willen von uns geschaffen worden ist, wieder in Werden zurückzuverwandeln. Die Begriffe werden zertrümmert und flüssig gemacht, die Dinge schwirren unter dem Druck der Vergleichung und Besinnung auseinander wie Sonnenstäubchen: und siehe, es ist alles anders geworden, als Worte und Augen der Menschen gefabelt hatten. Exakte Wissenschaft ist also: Sammlung und Beschreibung aller Sinnendata, periodisch erneuerte Kritik der Abstraktionen und Generalisationen, und darauf aufbauend: Gesamtkritik unsrer scheinbaren Seinswelt, Schöpfung des Werdens, das als Erklärung der Substanzbehauptung unseres Sinnenverstandes in Übereinstimmung mit unserer inneren Erfahrung gesetzt wird.

Anders steht es mit dem Gebiet, das ich im weitesten Sinne Geschichte nenne. Da gibt es nämlich als elementare Unterlage keinerlei Substanzen, Stoffe oder Dinge: von den Trägern aller Geschichte, nämlich den Körpern der Menschen, wird völlig abgesehen; sie kommen höchstens einmal in Betracht, wenn sie mißhandelt oder enthauptet werden. Sonst aber sind die Data der Geschichte Geschehnisse, Handlungen, Leiden, Beziehungen. Was also bei der Wissenschaft, von der wir sprachen, das letzte, schwer errungene Ergebnis ist: das Werden, das ist hier der allererste Ausgangspunkt. Allerdings müssen wir es, um von diesem Werden reden zu können, gerade so machen, wie es Sinne und Geist des Menschen für die Wahrnehmung taten: es werden Konstruktionen des Seins gebaut, und so sprechen wir von Mittelalter oder Neuzeit, von Staat und Gesellschaft, vom deutschen oder französischen Volk, als ob das Dinge oder Entitäten wären. Jede eingehende Beschreibung oder Ergründung führt uns aber immer wieder von diesen Konstruktionen zur Wirklichkeit zurück, zur elementaren Wirklichkeit unserer primitiven Erfahrung, in der wir selbst mitten drinne stehen: zum Geschehen zwischen den Menschen, vom Menschen zum Menschen, von mehr oder weniger großen Menschengruppen füreinander oder gegeneinander, zum Geschehen der Vereinigung zu Zwecken usw. Kurz: die exakte Wissenschaft besorgt die Korrektur der Erfahrung; sie führt uns von der Erfahrung weg zu Abstraktionen des Geistes. Die sogenannte Geschichtswissenschaft dagegen kann uns, je feiner und raffinierter sie wird, zu nichts führen als immer wieder gerade zu den ersten Daten der Erfahrung zurück. Und die letzte Form der Geschichtswissenschaft, eben unsere Sozialpsychologie, ist die vorläufig raffinierteste Art, die Hilfskonstruktionen des Gedächtnisses in den Rohstoff der Erfahrung, d.h. in die elementaren Beziehungen von Mensch zu Mensch aufzulösen.

Da die Geschichte also keine Theoreme des Geistes schafft, ist sie keine Wissenschaft; sie schafft aber etwas anderes: nämlich Mächte der Praxis. Die Hilfskonstruktionen der Geschichte: Kirche, Staat, Ständeordnung, Klassen, Volk usw. sind nicht nur Instrumente der Verständigung, sondern vor allem Schaffung neuer Tatsächlichkeiten, Gemeinschaften, Zweckgestalten, Organismen höherer Ordnung. In der Geschichte schafft der schöpferische Geist nicht theoretische Erkenntnisse; darum ist es auch ganz recht und ist es bezeichnend, dass die Ausdrücke „Geschichte" und „Politik" ebenso das Geschehen und Tun meinen, das Aktivität ist, wie die Betrachtung, die passiv oder neutral sein will, meist aber nur latentes Wollen und Handeln ist. Wir haben im Deutschen ein gutes Wort für diese Konzentration und Beschauung: Vergegenwärtigung. In der Tat wird in aller Geschichte das Vergangene vergegenwärtigt, zur Gegenwart gemacht; der Engländer hat dafür das ebenso treffende Wort: to realise, das zugleich verwirklichen und betrachten heißt: in dieser Realisation ist Vorstellung und Wille, Erkenntnis und Schöpferkraft vereinigt. Jeder Blick in Vergangenheit oder Gegenwart menschlicher Gruppierungen ist ein Tun und Bauen in die Zukunft hinein. Und ebenso ist die entgegengesetzte Richtung, die die seienden und lastenden Konstruktionen der Geschichte wieder in die Elemente des psychischen Ursprungs und damit in den Individualismus auflöst, nicht bloß in theoretischer Hinsicht kritisch, auflösend und destruktiv: sie zerstört vielmehr in der Praxis. So sind wir mit einem Mal, in dieser allerersten einleitenden Verständigung, mitten in unser Thema gesprungen. Die Aufgabe ist: die Erscheinung der Revolution vom Standorte der sozialen Psychologie zu betrachten. Und nun finden wir: die Sozialpsychologie ist selbst nichts anderes als die Revolution. Revolution und Sozialpsychologie sind verschiedene Benennungen, und darum gewiss auch verschiedene Schattierungen derselben und nämlichen Sache. Auflösung und Zerscheidung der Gesamtheitsformen, der apotheisierten Gebilde durch den Individualismus: das ist Sozialpsychologie, das ist Revolution. Die Enthauptung Karls I.[2] und die Erstürmung der Bastille[3] war angewandte Sozialpsychologie; und jede Untersuchung und Analyse der heiligen Gebilde und überindividuellen Formationen ist revolutionär. Die zwei Richtungen der Geschichtswissenschaft ergeben sich uns also als die zwei Tendenzen der geschichtlichen Praxis: auf der einen Seite Aufbau von überindividuellen Gebilden und höheren Organisationsformen, die dem Leben der Individuen Sinn und Heiligung geben; auf der andern Seite Zerstörung und Abschüttelung eben dieser Formen, wenn sie der Freiheit und dem Wohlstand der Individuen unerträglich geworden sind. Rousseau, Voltaire, Stirner[4] wa-

---

2 Karl I. (1600-1649), König von England 1625-1649, versuchte den Absolutismus aufzurichten. Wurde auf Betreiben Oliver Cromwells (1599-1658), der nach Ausbruch des Bürgerkrieges zwischen König und dem englischen Parlament das Parlamentsheer befehligte, zum Tode verurteilt und hingerichtet. England wurde Republik.

3 Bastille, Burg von Paris, später Gefängnis. Die Erstürmung der Bastille am 14. Juli 1789 durch die Pariser Bevölkerung leitete die Französische Revolution ein.

4 Max Stirner, eigentlich Kaspar Schmidt (1806-1856), gilt als Begründer des Individualanarchismus.

ren, indem sie Sozialpsychologen waren, Revolutionäre; und so hat uns das erste scharfe Aufskornnehmen des Themas schon durch es hindurch und darüber hinaus geführt: denn die Aufgabe dieser Untersuchung soll nicht sein, Revolution zu machen, sondern über sie zu schreiben.

Fangen wir also von vorn an. Überdies war versprochen worden zu zeigen: auch wenn Geschichte oder Soziologie reine Wissenschaft sein könnten, wäre doch aus besonderen Gründen die Revolution nicht wissenschaftlich zu behandeln. Dies zu zeigen, wollen wir also zum zweiten Mal auf die Sache losgehen. Der Beweis, dass etwas in einer bestimmten Form nicht behandelt werden kann, scheint am besten so geführt zu werden, dass man ehrlich und aufrichtig den Versuch macht und solange fortsetzt, bis es nicht mehr geht. Ich werde nun also im folgenden beginnen, streng wissenschaftlich und deduktiv von der Revolution zu sprechen, und der Leser ist gebeten, mir scharf auf die Finger zu sehen, ob alles mit rechten Dingen zugeht, da ich ja von vornherein bekenne, von der Aussichtslosigkeit des Versuchs überzeugt zu sein. Dass es nur eine deduktive, nicht etwa eine induktive Wissenschaft geben kann, das zu erhärten wird man mir hoffentlich ersparen, obwohl nicht zu leugnen ist, dass bei weitem die meisten angeblich wissenschaftlichen Arbeiten nicht bloß unserer Zeiten recht unleidliche Gemenge aus Materialien und Sentiments sind. Also ohne weiteren Beweis: echte Wissenschaft ist deduktiv, weil sie intuitiv ist; die Induktion und der Sammelfleiß solcher, die keine summarische Natur haben und die darum nichts können als zusammenzählen, können die summarische, generalisierende Intuition niemals ersetzen. Die wissenschaftliche Darstellung der Revolution muss also vom allgemeinen Begriff ausgehen, darin bleiben und alle konkreten Einzelfälle in ihm erfassen.

Zunächst demnach muss eine wissenschaftliche Terminologie geschaffen werden. Denn unsere Ausdrücke stammen allesamt aus der Praxis der Einzelvorgänge und sind so wissenschaftlich nicht zu brauchen.

Auf welchem Gebiet tritt die Erscheinung der Revolution zutage? Die Revolution bezieht sich auf das *gesamte* Mitleben der Menschen. Also nicht bloß auf den Staat, die Ständeordnung, die Religionsinstitutionen, das Wirtschaftsleben, die geistigen Strömungen und Gebilde, die Kunst, die Bildung und Ausbildung, sondern auf ein Gemenge aus all diesen Erscheinungsformen des Mitlebens zusammengenommen, das sich in einem bestimmten Zeitraum relativ im Zustand einer gewissen autoritativen Stabilität befindet. Dies allgemeine und umfassende Gemenge des Mitlebens im Zustand relativer Stabilität nennen wir: *die Topie.*

Die Topie schafft allen Wohlstand, alle Sättigung und allen Hunger, alle Behausung und alle Obdachlosigkeit; die Topie ordnet alle Angelegenheiten des Miteinanderlebens der Menschen, führt Kriege nach außen, exportiert und importiert, verschließt oder öffnet die Grenzen; die Topie bildet den Geist und die Dummheit aus, gewöhnt an Anstand und Lasterhaftigkeit, schafft Glück und Unglück, Zufriedenheit und Unzufriedenheit; die Topie greift auch mit starker Hand in die Gebiete ein, die ihr nicht angehören: das Privatleben des Individuums und die Familie. Die Grenzen zwischen Individualleben und Familiendasein einerseits, der Topie andererseits sind schwankend.

Die relative Stabilität der Topie ändert sich graduell, bis der Punkt des labilen Gleichgewichts erreicht ist.

Diese Änderungen in der Bestandssicherheit der Topie werden erzeugt durch die *Utopie.* Die Utopie gehört von Haus aus nicht dem Bereiche des Mitlebens, sondern des Individuallebens an. Unter Utopie verstehen wir ein Gemenge individueller Bestrebungen und Willenstendenzen, die immer heterogen und einzeln vorhanden sind, aber in einem Moment der Krise sich durch die Form des begeisterten Rausches zu einer Gesamtheit und zu einer Mitlebensform vereinigen und organisieren: zu der Tendenz nämlich, eine tadellos funktionierende Topie zu gestalten, die keinerlei Schädlichkeiten und Ungerechtigkeiten mehr in sich schließt.

Auf die Utopie folgt dann eine Topie, die sich von der früheren Topie in wesentlichen Punkten unterscheidet, aber eben eine Topie ist.

Es ergibt sich das *erste Gesetz:* Auf jede Topie folgt eine Utopie, auf diese wieder eine Topie, und so immer weiter.

(Dies ist ein durchaus wissenschaftliches Ergebnis und auf dem richtigen wissenschaftlichen Wege gefunden; die Induktionserfahrung, die zugrunde liegt, ist, wie wir bald sehen werden, nur kurz und ohne rechten Umfang; Allgemeingültigkeit und Notwendigkeit, die wir ihm dreist zusprechen, gewänne es aber natürlich

auch durch die reichste Erfahrung nicht. Die schafft ihm das intuitive Gefühl von der allgemeinen Menschennatur, das wir schon in die allgemeinen Begriffsprinzipien, von denen wir ausgehen, hineingelegt haben, und so steht es, und aus den nämlichen Gründen, ebenso fest, wie dass eins und eins zwei ist.)
Corollarium: Die Topien und die Utopien sind einander an Zahl gleich.
Die Utopie ist also die zu ihrer Reinheit destillierte Gesamtheit von Bestrebungen, die in keinem Fall zu ihrem Ziele führen, sondern immer zu einer neuen Topie.
Revolution nennen wir die Zeitspanne, während deren die alte Topie nicht mehr, die neue noch nicht feststeht.
Revolution ist also der Weg von der einen Topie zur anderen, von einer relativen Stabilität über Chaos und Aufruhr, Individualismus (Heroismus und Bestialität, Einsamkeit des Großen und armselige Verlassenheit des Massenatoms) zu einer anderen relativen Stabilität.
Bezeichnen wir die Topien mit A, B, C usw., die Utopien mit a, b, c usw., so führt der Weg der Geschichte einer Gemeinschaft von A über a zu B über b zu C über c zu D usw. Da wir aber durch diese Bezeichnung verführt würden, irgendeine Topie als Anfang zu setzen, während ja viele Utopien und Topien vorausgegangen sind, bedienen wir uns zur Bezeichnung besser der mittleren Buchstaben des Alphabets. Also M über m zu N über n zu O über o zu P usw. Damit sind wir aber aus der Verlegenheit noch nicht heraus, und es erhebt sich eine neue, undurchdringlich scheinende Schwierigkeit. Es fragt sich nämlich, ob wir diesen Gang mit A oder mit a beginnen müssen? Anders gesagt: ob an den Anfang dieser Menschengeschichte der revolutionierende Gedanke oder die Gesellschaft zu setzen ist? Die Antwort wird sein, dass das Alphabet zwar für große und kleine Kinder mit a oder A beginnt, dass es aber für keinerlei Geschichte einen Anfang gibt; das liegt schon im Begriff des Geschehens, denn was anfangen kann, ist in sich beschlossen und zu Ende und hat keinerlei Fortgang oder Veränderung. Wir werden also weiter und weiter zurückgewiesen, und wenn wir in unerhörter Entfernung so etwas wie eine vormenschliche Geschichte gewahren, wird doch wohl auch da Festgesetztes und Aufruhr, Gemeinschaft und Individuum, Zentrifu-

gal- und Zentripetalprinzip, oder wie immer man diese Polarität in der Bildung und Umbildung organischer und nicht nur organischer Naturen benennen will, noch dabei sein. Es handelt sich bei dieser schweren Frage also gar nicht um so etwas wie Rousseau's Contrat social, auch nicht um die Dilettantenfrage der Alten, ob das Mitleben der Menschen νομω oder φυσει[5] gegründet sei, und ebenso wenig um die dilettantischen Lösungen der Darwinisten, sondern um einen dunklen Weltenort, der von allen Nebelproblemen der Erkenntnistheorie und Naturphilosophie umwittert ist: wer ihn erhellt, der bringt die beiden und damit Geist und Natur zusammen und zu eins. Dessen wollen wir uns nun nicht so nebenbei und im Vorübergehen unterfangen; wir sagen vielmehr: hier ist ein durchaus Unbestimmtes und Schwankendes, das wir auf sich beruhen lassen müssen, wenn wir wissenschaftlich weiter schreiten wollen. Wir tun das also, aber es ist uns lange nicht mehr so frech und wohl wie zuvor; wir gehen auf unterwühltem Grund, ahnen, dass wir mit unserer Wissenschaftlichkeit bald ganz in die Brüche kommen, und lassen das ABC samt aller mathematischen Maskerade nun schon besser beiseite.

Jede Utopie, das ergibt sich aus dem bisher Gesagten, setzt sich aus zwei Elementen zusammen: aus der Reaktion gegen die Topie, aus der sie erwächst, und aus der Erinnerung an sämtliche bekannte frühere Utopien. Utopien sind immer nur scheintot, und bei einer Erschütterung ihres Sarges, der Topie, leben sie, wie weiland der Kandidat Jobs, wieder auf.

Ebenso aber stecken in jeder Topie die siegreichen Elemente der vorhergehenden Utopie, die aus dem Willen zur Wirklichkeit geworden sind, und die erhalten gebliebenen Elemente aus der früheren Topie.

Damit jedoch ist das Wesen der neuen Topie nicht erschöpfend bezeichnet.

Auf den Bestand der neuen Topie wirkt nämlich vor allem ein neues Element, das wir in die Rechnung einführen müssen: die praktischen Erfordernisse aus der Epoche der Revolution. Daraus ergibt sich etwas, was so wichtig und allgemein gültig ist, dass wir ein zweites Gesetz darin finden.

---

5 griech.: nomo oder physei

Zweites Gesetz: Die praktischen Erfordernisse des Mitlebens während der Epoche des revolutionären Aufruhrs und Übergangs bringen es mit sich, dass in der Form der Diktatur, Tyrannis, provisorischen Regierung, anvertrauten Gewalt oder ähnlichem sich während der Revolution die neue Topie bildet.
Erstes Corollarium: Die neue Topie tritt ins Leben zur Rettung der Utopie, bedeutet aber ihren Untergang.
Zweites Corollarium: Die praktischen Erfordernisse, die zur Gründung der neuen Topie schließlich führen müssen, sind nicht nur das durch die Revolution gestörte Wirtschaftsleben, sondern sehr häufig Eingriffe aus dem Bereich feindlicher Umwelt.
Denn wir dürfen uns ja die Gemeinschaft, die auf dem Kothurn der Revolution von Topie zu Topie schreitet, ebenso wenig isoliert wie begonnen vorstellen; sie ist ringsum begrenzt von wieder Begrenzten, wie sie bewirkt ist von wieder Bewirkten, von Menschenorganisationen, soweit die Bünde der Menschen reichen, und im übrigen von der anderen Welt, deren Einflüsse und Bedingungen – für unseren Fall z.B. Fehljahre, Naturkatastrophen wie das Erdbeben von Lissabon[6], für andere Zeiten Kometen, Sonnenfinsternisse, Epidemien – oft von scharfer Bedeutung sind. Die Revolution neigt nun weiterhin ganz besonders dazu, einen allgemeinen Völkerbrand zu entzünden, Grenzen, die ja überhaupt nur fließende sind, zu durchbrechen usw. Und insbesondere will ja die Utopie unter anderem auch nationale und staatliche Beschränktheiten nicht dulden, sie will den idealen Zustand für die ganze Menschheit usw. In revolutionären Zeiten wird gar oft das Herz, das am Alten hängt, klein gemacht, und der Verstand macht sich groß; die Welt soll, wie Hegel so spitz gesagt hat, auf den Verstand, d.h. auf den Kopf gestellt werden. In anderen Ländern oder Provinzen sind aber andere auf einer stabileren Stufe, bei denen je nachdem das Herz inniger oder die Dummheit größer ist. So greifen die bedrohten Nachbartopien um ihrer Erhaltung willen oder für die Erhaltung dessen, was ihnen wert ist, zu den Waffen oder sonst bedrohlichen Mitteln: aus der Revolution wird der Krieg oder langwieriger wirtschaftlicher Kampf zwischen Nationen und dergleichen. –

---

6 Das Erdbeben von Lissabon 1755 zerstörte die Stadt fast völlig.

Die Utopie also wird überhaupt nicht zur äußeren Wirklichkeit, und die Revolution ist nur das Zeitalter des Übergangs von einer Topie zur anderen, anders gesagt: die Grenze zwischen zwei Topien.

Da indessen, wie oben gesagt, jede Utopie sehr stark das Moment der begeisterten Erinnerung an sämtliche bekannte frühere Utopien in sich birgt – man stelle sich vor, was sich in der Natur viel komplizierter verhält: jeder Wein erhalte seine Gärung durch Hefe, die wieder aus Wein gewonnen sei und so immer weiter: so wäre dann jede Hefe neu und hätte doch die Wirklichkeit oder die Kraft oder die Erinnerung (das ist alles eins) jeder früheren Hefe in sich: so erwacht die Utopie, obwohl sie immer wieder untergeht, sich auflöst und im fremden, von ihr selbst zur Gärung und zur edlen Ruhe gebrachten verschwindet, immer wieder alt und neu – so lebt sie auch in der Zeit relativ stabiler Topien unterirdisch weiter und geht dazu über, aus diesem Erinnerungs-, Wollens- und Gefühlskomplex eine Einheit zu machen, die sie geneigt ist, mit dem Namen: Die Revolution zu bezeichnen. Die Revolution in diesem Sinne ist nicht eine Zeitspanne oder Grenze, sondern ein Prinzip, das über weite Zeiträume hinweg (die Topien) immer weiter schreitet.

Wir haben vorhin das schroffe Hindernis, das die endlose Vergangenheit ohne irgend die Handhabe eines Anfangs unserem Wissenschaftsbau entgegengestellt, berührt und umgangen, weil wir noch weiter wollten; die andere Klippe, als die die unaufhaltsam erneuerte Umwelt im unendlichen Raum sich vor uns hintürmt, haben wir kaum genannt. Aber nun wird's nicht weiter gehen. Die Revolution in dem eben gesagten Sinne nämlich erklärt unsere Aufstellungen und Gesetze trotz ihrer strengen Gesetzlichkeit für falsch; denn sie sagt, sie sei ein Prinzip, das mit einigen Riesenschritten aus fernen Zeiträumen über die Jahrhunderte hinweg gehe – in die Zukunft hinein.

Hier endet unsere wissenschaftliche Darstellung; sie scheitert an der Zukunft, von der wir nichts wissen, und nun erst tritt die Bedeutung der Vergangenheit, von der wir nichts wissen, recht hervor. Ich bezweifle nämlich durchaus nicht, dass die Zukunft für die Wissenschaft, die damit eins wäre mit der Praxis, genau so eine Aufgabe wäre, wie die Aufgaben der Mathematik lösbar sind

und das Resultat ihrer Konstruktionen mit Gewißheit zu erwarten steht, wenn uns die Größen der Vergangenheit bekannt wären.
Hier scheitern wir zunächst an einem Punkt, wo wir nicht wissen: ist hier ein Tritt der über die Jahrhunderte herschreitenden Revolution oder nicht? Dieser Punkt ist das Zeitalter des Verfalls der Antike, das Heraufkommen nicht neuer, sondern ausgeruhter Völker, des Durchdringens des Christentums. Wir haben schon vorhin gesehen und eben wieder darauf gewiesen: ein Volk läßt sich nicht isoliert behandeln. Hier, an dieser Stelle, gewahren wir es mit Sicherheit. Wir müßten also noch einmal beginnen, müßten die Topie als allgemeine Form des Mitlebens vieler Völker definieren. Nehmen wir an, das glückte, so wie es nicht glücken kann, da wir nicht wüßten, wo ein Ende zu machen ist: wir kämen von den einen Völkergruppen zu den anderen, und von da zu den Tieren und Pflanzen und metallischen Schlünden und könnten am Sternenweltall nicht Halt machen: aber von all dem Unermeßlichen abgesehen, bescheiden wir uns mit der scheinbar so kleinen Frage (aber nicht aus Bescheidenheit, sondern weil im Kleinen das Ganze, und in jeder Frage alle Fragen enthalten sind): hätten wir nun den gewaltigen Wendepunkt, den ich nannte, als ein Zeitalter der Revolutionen zu betrachten oder nicht? Aber selbst wenn darüber so völlige Klarheit herrschte, wie Dunkelheit waltet, selbst wenn wir über diesen Übergang vom Altertum zur neuen Zeit ganz im Reinen wären, der gar kein Übergang war, sondern ein frischer primitiver Beginn in ausgeruhten Völkerschaften, trotzdem natürlich alle Elemente der Antike noch da waren - -
Aber ich unterbreche mich. Wir kommen auf dieses Selbst wenn auf Umwegen wieder zurück. Ich muss erst sagen, was ich unter ausgeruhten Völkern verstehe. Mit Verlaub, man nennt sie gewöhnlich primitive, oder noch lieber Urvölker; wenn man freundlich ist, Barbaren, wenn man unfreundlich oder Missionar ist, Wilde. Man glaubt damit irgendwie - man glaubt es nämlich nicht wirklich, wenn man auf die Sache ausdrücklich aufmerksam gemacht wird, man glaubt es nur damit, dass man solche Ausdrücke anwendet - man glaubt also - vieler Aberglaube ist wie ein Spiel und eine gefällige Konvention; man ist ja aufgeklärt und gar nicht veraltet, aber man hängt mit so viel Herzlichkeit am Überliefer-

ten, Hergebrachten und Eingetrichterten; und so ist auch dieser Glaube eine Spielmarke, die von Hand zu Hand unbesehen weitergegeben wird – man glaubt, diese Menschen stünden irgendeiner Entstehung besonders nahe. Man läßt es sich selbst ganz im Ungewissen, ob man etwa die Entstehung aus irgendeinem Tier, oder aus anderen Völkerschaften, oder die Zusammensetzung bisher isolierter Individuen – die es nie gegeben hat – zu einem Verbande meint, oder ob man nur meint: diese Menschen befänden sich seit urlangen Zeiträumen in einem stationären Zustand annähernder Ursprünglichkeit. Es steckt in der dunklen Ausdrucksweise von alledem etwas. Wäre ich noch in der wissenschaftlichen Terminologie, so böte sich jetzt gute Gelegenheit, neue Gesetze aufzustellen. Zunächst das Gesetz: alle Menschen sind ihrer Vorfahrenkette nach gleich alt. Das ist ebenso wahr und aus dem gleichen Grunde, wie der alte Scherz, dass die Unfruchtbarkeit nicht erblich ist, ein tüchtiges Gesetz und genau so selbstverständlich wie die eben gesagte Binsenwahrheit und wie alle Gesetze, nachdem sie ausgesprochen sind, und genau so immer wieder vergessen und übersehen, wie alle Selbstverständlichkeiten. Die Menschen also reichen alle als Menschen in die Jahrhunderttausende zurück, im übrigen aber – sie waren nämlich auch, bevor sie Menschen waren, und sie waren auch, bevor unser Planet Erde war – in die völlige Unendlichkeit, die man sich immer noch ein bisschen unendlicher vorstellen möge.

(Hier endlich läßt sich eine Zwischenbemerkung des Lesers nicht länger zurückhalten: diese Darstellung hier vermengt Sozialpsychologie mit Soziologie und beide mit der Geschichte – dann weicht sie zur Psychologie ab, und zur Erkenntnistheorie – und zur Nationalökonomie – und zu Metaphysik – und zu Biologie – und zur Kosmologie – und vom Hundertsten ins Tausendste. – Ich kann dagegen nichts sagen, möchte nur einem Entsetzen Ausdruck geben dürfen, das mich erfaßt, wenn ich nun daran denke, dass es tatsächlich Wissenschaftsbetriebe gibt, die nicht aus dem ihnen gesteckten oder von ihnen erwählten Bezirke wanken. Ein großes Verdienst der Versuche, eine neue Wissenschaftsdisziplin an der Grenze zwischen mehreren Wissenschaften anzusiedeln – ihr wahres Verdienst und oft ihr einziges – ist, dass sie diese Grenzen sprengen, dass sie neuen Kombinationen und Assoziationen,

neuer Phantasie und Abstraktion Raum geben, dass sie die Disziplin und Schranke der Fakultäten zerbrechen. Und nun wieder zur Sache.)
Wie aber jeder Mensch aus der Tiefe der Zeit heraus aus dem Bodenlosen herkommt, so gestaltet er sich - er wie alle seine Vorfahrenglieder - auch aus der Weite des Raumes her aus dem Unaufhörlichen, Rastlosen und Unzähligen. Denn was sich Sichtbares, Sinnenmässiges, Stoffliches also an einem Menschenleibe findet, ist immer anderes, von außen hereingekommenes, wechselndes: der Mensch ist Stoffwechsel und was ihn darüber hinaus zusammenhält, mit sich selber oder seinen Vorfahren (das ist eins) zusammenhält, ist eine Unsichtbarkeit, ein Formprinzip, conscientia et causa sui, Gedächtnis: der Archeus, der ihn, der sich selber, der diesen Mikrokosmos, diese Unendlichkeitseinheit, diesen Weltgeist formiert. Es ist so kein Unterschied und keine Trennung zwischen den Vorfahren, die ich bin, und den Vorfahren, die ich habe, und der Umwelt, aus der ich werde; und zwischen den Nachkommen, die ich bin, und den Nachkommen, die ich habe, und der Umwelt, zu der ich werde. Wohl aber ist ein Unterschied: zwischen mir und dir, wie zwischen Welt und Welt. Denn du bist nur mein winzig Teilchen und bist doch wie ich eine ganze Welt; und ich bin nur dein winzig Teilchen und bin doch wie du eine ganze Welt. Darum braucht es, wie die Welten durch die Brücken des Lichtes verbunden sind, zwischen den Menschen des Geistes, der die Liebe ist, der die Formen des Mitlebens schafft, die Familie, die Herde, die Nation (Sprache, Sitte, Kunst), und der wiederum die starr gewordenen Formen, die Haß, Geistlosigkeit und Unbill erzeugt haben, in neuer Gemeinsamkeit sprengt. Das werden wir weiterhin sehen.
Wer das versteht, wird nun folgen, wenn ich diese Einsicht, die wir bald also weiter brauchen werden, auf unseren Fall anwende und sage, dass jeder einzelne Mensch eine Vergangenheit von ungezählten Völkern und von ungezählten Blütezeiten höchster, allerhöchster Kultur hinter sich hat. So z.B. die Hottentotten gehen in ihren Vorfahren auf Kulturperioden zurück, die wir zwar gar nicht kennen, von denen wir aber a priori behaupten, behaupten müssen, dass sie dann und wann, zehnmal, zwanzigmal - der Phantasie sind keine Schranken gesetzt, fragt die Geologen und die Che-

miker – den höchsten Zeiten der Griechen oder der Ägypter an Kulturwert gleichgekommen sind. Wir wissen gar nichts davon, eben darum müssen wir's behaupten, weil jede andere Annahme, etwa die eines ständigen oder zyklischen Fortschritts, völlig sinnlos wäre. Solche Völker oder Stämme nun nenne ich ausgeruhte. Alles was wir wissen, deutet eben daraufhin, dass es keinen Fortschritt in der Menschengeschichte als Ganzes gibt, sondern Aufhören bestimmter Kulturen durch Alter – nicht der Völker, das ist Unsinn, sondern der Kulturen für diese Völker – und durch Völkermischung. Der sogenannte Untergang eines Volkes ist natürlich kein Aussterben, sondern eine Völkermischung. Die Stämme und Völker schieben sich vielfach und unausgesetzt durcheinander, ineinander, übereinander und in diesen Geschieben sind alle gleich alt – die sinnlose Frage, ob die Menschheit „aus einem Paare entstanden" sei, bleibt hier ganz weg, denn jeden Falles sind alle Teile der Welt gleich alt, nämlich von immer und ewig – haben alle an der gleichen ehrwürdigen und großen Vergangenheit teil, werden alle von Zeit zu Zeit wie müde und ruhebedürftig, und von Zeit zu Zeit wie primitiv, ursprünglich und neubeginnend.
Nun sehen wir klarer, und nun merken wir auch, dass wir den Hinkegang der Völkergeschichte über Topien und Utopien, Stabilitäten und Revolutionen nicht mechanisch in frühe Zeiten zurückverfolgen können. Da es keine geeinte Menschheit und kein isoliertes Volk gibt, wirkt das Zentrifugal- und Zentripetalprinzip, auf das wir früher wiesen, in viel komplizierteren Formen, und *diesen* ungeheuren Revolutionen gegenüber, auf die wir jetzt deuteten, und eine solche war für unser Urteil der Übergang von der Antike zur neuen Zeit in den Zeiten der Völkerwanderung, schrumpfen die sogenannten Revolutionen, die paar Geschehnisse, die wir als solche benennen können, zu winzigen und ephemeren Episoden zusammen. Jetzt also, nach dieser Zwischenbetrachtung können wir sagen: nein, das Heraufkommen des Christentums, der Untergang der Antike, die sogenannte Völkerwanderung, war nicht einer der Schritte der durch die Jahrhunderte wandernden Revolution. Das Christentum, dieses kleine Verfallsprodukt antiker Décadence und jüdischen Sektenwesens, hätte überhaupt keinerlei Bedeutung gewonnen, wenn es nicht auf die ausgeruhten Völker gestoßen wäre, für die es nichts kleines war, sondern eine

ungeheure Überwältigung. Pheidias[7] und Sophokles[8] waren ihnen nichts, weil sie Gipfel waren, Repräsentanten einer auf der Höhe stehenden Zeit. Eine neue Zeit erwächst aus Décadence und ausgeruhter Entbehrung: da entsteht der Mythos, und nur wo Mythos wird, wird neues Volk.

Wohin also sollen wir denn die Schritte der Revolution in die Vergangenheit hinein verfolgen? Nach Rom und Hellas führt der Weg nicht weiter, an dieser Grenze ist ein Neubeginn, aber keine Revolution, und zwischen der alten und neuen Zeit ist nicht ein einfacher Fortgang, sondern ganz etwas anderes.

Da haben wir also eine Menschheitsgeschichte von vielen Jahrhunderttausenden, die aber ganz etwas anderes ist, als was wir aus der kläglichen Erfahrung von zwei, drei Jahrtausenden, von denen wir auch das Beste nicht wissen, Geschichte nennen. Was wissen wir nun eigentlich von Revolutionen, um kühl und besonnen, referierend und analysierend davon reden zu können? Mit Revolutionen des Altertums wird nicht viel Staat zu machen sein; vor allem aber ist die Antike eine in sich abgeschlossene Entwicklung, die nicht ohne weiteres mit der neuen Reihe, zu der wir gehören, vergleichbar ist. Wohl ist die Menschennatur überall im Grunde dieselbe; aber die Grundlagen des Mitlebens sind völlig andere. Vor allem kommt in Betracht, dass die Völker der Antike aufrecht auf einer horizontalen Ebene standen und nach oben, zu den Göttern, gerichtet waren, während unser Leben in der Kurve, rings um den Erdball geht. Davon abgesehen – was also kennen wir von Revolutionen?

Die Antwort ist, dass wir nur eine einzige wirkliche Revolution kennen, womit nun aber nicht gemeint ist, dass die Revolution mit Riesenschritten durch die ganze Menschengeschichte hin schreite. Wir haben gezeigt, dass es in dieser sogenannten Menschengeschichte andere, größere Dinge als Revolutionen gibt, nämlich Kulturausgänge und Neubeginne. Die schreiten, wenn nicht von Ewigkeit zu Ewigkeit, so doch von Eiszeit zu Eiszeit. Sage ich

---

7 Pheidias (nach 500-vor 423 v. u. Zt.), athenischer Bildhauer, Vollender der griechischen Klassik.

8 Sophokles (496-406 v. u. Zt.), griechischer Tragödiendichter aus Athen.

dagegen: wir kennen überhaupt nur eine Revolution, so meine ich ein ganz konkretes Vorkommnis unserer eigenen Geschichte, ein Vorkommnis, in dem wir noch selbst mitten drinstehen, und ich meine, dass wir nicht imstande sind, über einen Vorfall, in dem wir noch selbst, wenn auch nur als stumme Hunde, agieren, Wissenschaft zu treiben. Denn alle wissenschaftliche Behandlung braucht doch wohl einen Standort außerhalb des betrachteten Gegenstandes.

Der Vorfall, von dem ich rede, ist die Revolution, die mit der sogenannten Reformationszeit begonnen hat. Die Etappen dieser Revolution sind: die eigentliche Reformation mit ihren geistigen und sozialen Umwandlungen, ihren Säkularisationen und Staatenbildungen – der Bauernkrieg – die englische Revolution – der Dreißigjährige Krieg – der amerikanische Unabhängigkeitskrieg, weniger um seiner Vorfälle, als seiner geistigen Prozesse und Ideen willen, mit denen er den stärksten Einfluß auf das ausübte, was nun folgt: die große Französische Revolution. Es wird im ferneren gezeigt werden, dass die große Französische Revolution nicht nur in Frankreich, sondern in Europa dauert und lebendig ist von 1789-1871, und dass das Jahr 1871 einen deutlichen und merkbaren Einschnitt bedeutet. Ich habe aber nicht die Kühnheit zu behaupten, damit sei die gewaltige Bewegung, deren Beginn ich ins 16. Jahrhundert setze, am Ende, erloschen, versickert. Ich behaupte nur, wir seien jetzt gerade in einer kleinen Pause, und es hängt ganz und gar von unserer Natur, von unserem Willen, von unserer inneren Macht ab, ob wir den Punkt, in dem wir stehen, als einen Wendepunkt, als eine Entscheidung betrachten oder als einen Ort größter Flauheit und Ermattung. Die nach uns kommen, werden es wissen, das kann aber nur heißen: sie werden es anders wissen. Selbstverständlich leugne ich nicht, dass nach meiner eigenen Darstellung man in dem Zeitraum dieser vierhundert Jahre auch von mehreren Revolutionen und von immer wieder festgesetzten Stabilitäten sprechen kann. Man wird mir sagen, meine Konstruktion eines einheitlichen, untrennbaren, zusammengehörigen Verlaufs mit allerlei Auf und Ab und ohne dass er jetzt schon zu Ende wäre, sei eine Willkür. Ich kann nur erwidern, dass ich gerade das behaupte, dass ich nur hinzufüge, dass alle geschichtliche Betrachtung all dieser Dinge unter dem Einfluß unsres Willens, unserer gegenwärtigen Zustände, mit einem zusammenfassenden Wort: unseres Weges steht. Ich behaupte sogar, dass unser geschichtliches Gedächtnis viel weniger von den Zufällen der äußeren Überlieferung und Erhaltung abhängt als von unserem Interesse. Wir wissen von der Vergangenheit nur unsere Vergangenheit; wir verstehen von dem Gewesenen nur, was uns heute etwas angeht; wir verstehen das Gewesene nur so, wie wir sind; wir verstehen es als unseren Weg.

Anders ausgedrückt heißt das, dass die Vergangenheit nicht etwas Fertiges ist, sondern etwas Werdendes. Es gibt für uns nur Weg, nur Zukunft; auch die Vergangenheit ist Zukunft, die mit unserem Weiterschreiten wird, sich verändert, anders gewesen ist.

Damit ist nicht bloß gemeint, dass wir sie je nach unserem Weiterschreiten anders betrachten. Das wäre zu wenig gesagt. Ich behaupte vielmehr aller Paradoxie zum Trotz ganz wörtlich, dass die Vergangenheit sich verändert. Indem nämlich in der Kette der Kausalität nicht eine starre Ursache eine feste Wirkung hervorbringt, diese wieder zur Ursache wird, die wieder ein Ei legt usw. So ist es nicht. Nach dieser Vorstellung wäre die Kausalität eine Kette hintereinander folgender Posten, die alle außer dem Letzten still und angewurzelt feststünden. Nur der Letzte geht einen Schritt vorwärts, aus ihm entspringt dann ein Neuer, der wieder weiter vorgeht und so fort. Ich sage dagegen, dass es die ganze Kette ist, die vorwärts geht, nicht bloß das äußerste Glied. Die sogenannten Ursachen verändern sich mit jeder neuen Wirkung.

Die Vergangenheit ist das, wofür wir sie nehmen, und wirkt dementsprechend sich aus; wir nehmen sie aber nach Tausenden von Jahren als ganz etwas anderes als heute, wir nehmen sie oder sie nimmt uns mit fort auf den Weg.

Es muss noch anders gesagt werden, in einer anderen Betrachtung, die wir vorhin schon begonnen haben. Es gibt für uns zweierlei, durchaus verschieden formierte, zwei verschiedenen Bereichen angehörige Vergangenheit. Die eine Vergangenheit ist unsere eigene Wirklichkeit, unser Wesen, unsere Konstitution, unsere Person, unser Wirken. Was immer wir tun, die herüberlangenden und durchgreifenden lebendigen Mächte des Vergangenen tun es durch uns hindurch. Diese eine Vergangenheit manifestiert sich auf unendlichfache Art in allem, was wir sind, werden und geschehen.

Unendlichfach in jedem Individuum, und wie viel unendlichfacher in dem Getriebe aller gleichzeitig Lebenden und ihren Beziehungen zu ihrer Umwelt. Alles was in jedem Moment überall geschieht, ist die Vergangenheit. Ich sage nicht, dass es die Wirkung der Vergangenheit ist; ich sage, sie ist es. Ganz etwas anderes aber ist jene zweite Vergangenheit, die wir gewahren, wenn wir zurückblicken. Man möchte fast sagen: die Elemente der Vergangenheit haben wir in uns, die Exkremente der Vergangenheit erblicken wir hinter uns. Nun ist wohl klar, was ich sage. Die Vergangenheit, die lebendig in uns ist, stürzt mit jedem Augenblick in die Zukunft hinein, sie ist Bewegung, sie ist Weg. Jene andere Vergangenheit, nach der wir uns umblicken, die wir aus Überresten konstruieren, von der wir unseren Kindern berichten, die als Bericht der Vorfahren auf uns gekommen ist, hat den Schein der Starrheit, kann sich auch nicht, da sie zum Bild geworden, keine Wirklichkeit mehr ist, fortwährend verändern. Sie muss vielmehr von Zeit zu Zeit, in einer Revolution der Geschichtsbetrachtung, revidiert, umgestürzt und neu aufgebaut werden. Und sie baut sich überdies für jeden Einzelnen besonders auf: jeder Einzelne gewahrt die Bilder anders, je nachdem die wirkliche wirkende Vergangenheit in seiner Brust ihn anders vorwärts treibt und zuwege schickt.

Was also von der Revolution bisher angedeutet wurde und jetzt weiterhin gesagt wird, ist Weg und will nichts anderes sein als Wegbereitung, kann auch nichts anderes sein. Mit ganz anderem Sinn und Mut als zu Anfang können wir nun also nach dieser Betrachtung wiederholen: treiben wir Sozialpsychologie, treiben wir Revolution. Wir treiben sie, indem sie uns treibt. Die strenge wissenschaftliche Deduktion aber wollen wir fürs erste beiseite lassen; nicht auf allzu lange freilich; nur bis zur nächsten Eiszeit.

Fangen wir also noch einmal von vorn an. Selbstverständlich soll nicht umsonst gewesen sein, was in unmöglicher Methode, aber in bitter ernster Meinung zur Ergründung des Wesens der Revolution gesagt worden ist. Was in uns von Kenntnis der Revolution ruht, der Begriff Revolution, wie er sich in der revolutionären Epoche, in dem Zeitalter des Übergangs, das man gewöhnlich Neuzeit nennt, herausgestaltet hat, besagt in der Tat, dass wir in diesen Jahrhunderten aus einer relativen Stabilität am Stecken wechselnden Ideals in die andere und so immer weiter getappt sind. Vor diesem Alter des Übergangs, in dem wir uns noch befinden, gewahren wir aber eine Zeit großen Bleibens, starker Bestand-sicherheit, einen Höhepunkt der Kultur, wie die Antike einer war: das sogenannte Mittelalter.

In unserer Wegbereitung gilt es also zunächst, diese ganze blöde Einteilung der sogenannten Weltgeschichte in Altertum, Mittelalter und Neuzeit fortzuräumen. Es ist dringend nötig, dass man nicht nur Einsichten hat, sondern ihnen entspricht und gestorbene Namen und Wörter ein für allemal wegwirft. Es dürfte keinem anständigen Menschen mehr erlaubt sein, von Weltgeschichte zu reden, wenn er nur armselige Reste uns bekannter Geschichten von Menschenvölkern meint. Und wer von Altertum, Mittelalter und Neuzeit spricht, soll sich doch gegenwärtig halten, dass diese kindischen Benennungen soviel heißen wie: Anfang, Mitte und Ende, was noch klarer daraus hervorgeht, dass man die letzten zwei Jahrhunderte gewöhnlich die neueste Zeit nennt. Wir also sind das Ziel, auf das solche Anfänger wie Perikles[9], Sophokles, Julius Caesar oder Dante hingearbeitet haben. Oder zum wenigsten war doch das Mittelalter die dunkle Zwischenstufe zwischen der ersten großen Zeit und der neuen Herrlichkeit. Sollte aber allenfalls auf diese Neuzeit, diese höchste Zeit des Menschen, noch etwas folgen, so wäre es gewiß keine Menschengeschichte;

---

9 Perikles (ca. 500-429 v. u. Zt.), athener Staatsmann.

dazu sind wir schon zu hoch gestiegen; allenfalls könnte der Übermensch folgen.

Wir müssen es uns abgewöhnen, vom Altertum zu sprechen, und sollen auch auf das ehrwürdigere Wort Antike Verzicht leisten. Neben und vor der griechisch-römischen Welt sind denn doch in Asien und Afrika genug andere große Kulturperioden für uns sichtbar, von denen keine einzige sich als irgendwelchen Anfang oder irgendein Ende fühlte; jede Zeit ist inmitten der Ewigkeit. Wir müssen diesen ganzen Zeitstandpunkt verlassen, wo dann immer alle früheren Zeiten zu uns her gravitieren.

Wir täten also besser, gar keine zeitliche Benennung bei der Einteilung der Geschichten anzuwenden, weil die Kategorie der Zeit in unserem Geist zu sehr der Kausalität benachbart ist (der Kantische Ausdruck steht hier nur der Kürze willen, damit ich nicht abschweifen muss; die Sache müßte aber besser gesagt werden, da diese Kategorien bloße Erfindungen der Schulgelehrsamkeit sind; auch hier tut eine Revision not*)[10]; so sind wir immer in Gefahr, Vorgänger für Vorfahren, Vorfahren für Zurückgebliebene und eine zufällig bekannte winzige Spanne für ein Ganzes und Abgeschlossenes zu halten. Wir hätten ein richtigeres Bild von der Wirklichkeit, wenn wir alle uns bekannt gewordenen Völker geradezu als Zeitgenossen betrachteten, die aber irgendwie, nicht kausal oder zeitlich, voneinander getrennt wären. Da die Menschheit zum mindesten etliche Jahrhunderttausende alt ist - so viel ist sicher; warum sie nicht noch viel älter sein soll, werde

---

*) Ich gedenke an dieser Stelle, und könnte seiner an mancher anderen gedenken, des großen Werkes von Constantin Brunner: Die Lehre von den Geistigen und vom Volke, dessen erster Band 1907 erscheinen wird. – Hier will ich auch denen, die es wissen, sagen, dass ohne Fritz Mauthners große Arbeit der Sprachkritik viele Sätze dieser Schrift nicht so, wie sie sind, dastünden.

---

10 Constantin Brunner (1862-1937), Philosoph und Schriftsteller, mit Gustav Landauer befreundet. Hauptwerk: Die Lehre von den Geistigen und vom Volk. 2 Halbbände. Berlin 1908; Fritz Mauthner (1849-1923), Sprachphilosoph, spricht der Sprache die Möglichkeit der Wirklichkeitserkenntnis radikal ab, befreundet mit Gustav Landauer. Hauptwerk: Beiträge zu einer Kritik der Sprache. 3 Bde. Stuttgart 1901/02.

ich erst einsehen, wenn man mir den Grund dafür sagt -, dürfen wir getrost die Menschen der paar lumpigen Jahrtausende, von denen wir etwas wissen, als gleichzeitig lebend ansprechen. Es soll sich also für diese Einteilung nicht um verschiedene, gründlich voneinander getrennte Epochen, sondern um verschiedene Modalitäten in dem kleinen Abschnitt der uns bekannten Menschengeschichte handeln. Nach dieser Einteilung unterscheiden wir:
1. Die Fremdgeschichte.
2. Die Nachbargeschichte.
3. Die eigene Geschichte.
Die Fremdgeschichte ist die Geschichte der Assyrer, Perser, Ägypter, Chinesen, Inder, Uramerikaner usw. Wir nennen sie Fremdgeschichte, weil uns der lebendige Zusammenhang dieser Völker mit uns selbst und auch mit unseren gleich zu nennenden Nachbarvölkern noch nicht oder ganz ungenügend aufgegangen ist und weil sie daher auch noch keine oder keine entscheidende Renaissance in unserer eigenen Geschichte gehabt haben, wiewohl Ansätze zu der indischen Renaissance, die Friedrich Schlegel schon im Beginn des 19. Jahrhunderts angekündigt hatte, allerdings vorhanden und wirksam sind.
Die Nachbargeschichte ist die Geschichte der Juden und der Griechen und Römer. Sie sind Nachbarn der Völker des weiteren Europa, aber nicht ihre Vorfahren und auch nicht Vorbilder. Die griechisch-römischen Völker haben in ihrer Décadence ihre Leiber und ihren Geist den neuen Völkern, die aus Völkermischung hervorgingen, einverleibt, und das jüdische Volk hat ihnen ein mächtiges Stück ihres Geistes geschenkt, ist aber mit dieser Schenkung nicht wie Griechen und Römer selbst in die neuen Völker mit eingegangen, sondern hat sich langsam, im Lauf der Jahrhunderte, bei ihnen angesiedelt und dann allerdings, wenn auch mit viel Selbstständigkeit, ihre Kulturentwicklung mitgemacht. Auch das Judentum hat, so paradox es klingt, sein christliches Mittelalter hinter sich, und die Juden der letzten Jahrhunderte gehen den selben Weg des Verfalls und Übergangs wie alle anderen, gleichviel, ob sie noch einmal zu selbstständigem Volkstum kommen oder nicht. Doch kommt für unsere Betrachtung das Schicksal der modernen Juden, deren Kultur verschlafen-traumhaft in die der andern Völker hineingesprenkelt ist, nicht in Betracht; wir re-

den hier nur von dem Verhältnis der alten Völker zu unserer eigenen Geschichte. So betrachtet sind Griechen-Römer und Juden nicht die Vorfahren unserer eigenen Geschichte; die Christenheit oder Europa bedeutet vielmehr einen neuen Beginn: ausgeruhte Völker haben Griechisches, Römisches, Jüdisches in sich gefressen, verdaut und in eine neue Kultur hinein Schritte getan. Der Verfall der griechisch-römischen Kultur, die Entstehung des Christentums bei den neuen Völkern – denn nur da ist das Christentum entstanden – im Zusammenhang mit der sogenannten Völkerwanderung bedeuten einen Abschnitt besonderer Art und einen neuen Beginn. Auch nicht Vorbilder nenne ich jene anderen Völker, weil wir trotz allen Renaissancen unseren eigenen Weg gehen; in jeder Renaissance noch ist die neu aufgetauchte alte Kultur wiederum von frischer, gesunder Kraft aufgesogen worden; und was an den sogenannten Renaissancen das Charakteristische war, ist nicht immer das griechisch-römische gewesen, sondern eine neu emporschießende Genialität in den Völkern. Nicht die klassische Antike hat uns jemals neue Kräfte gegeben; sondern die neuen, freigewordenen, losgelassenen Kräfte waren es, die jeweils wie in ein neues Element hinein steigend (das die Gelehrten für den tiefen Brunnen des eigenen Ursprungs hielten) auch aus der Antike immer wieder Neues herausholten.

Mit aller Schärfe eben müssen wir trennen, was die Griechen-Römer und Juden für uns bedeuten, die wir von ihren Trümmern und Geschenken Neues gebaut haben, und was sie ihrer Zeit für sich selbst bedeutet haben. In dieser letzteren Hinsicht fassen wir eine feste, fertige, bestandsichere Kultur ins Auge, die nicht zu uns gehört, sondern stark und hoheitsvoll in Fremde neben uns steht. Fremd und doch nicht so entlegen, dass wir sie mit jenen erst genannten ganz Fremden zusammenwerfen dürften. Wir haben so viel von ihrem Blut und ihrem Geist aufgesogen, dass wir Männer wie Platon, Pheidias, Homer, trotzdem sie uns als Fertige einer totgewordenen Welt gegenüberstehen, zwar nicht als verwandt, aber doch als Lebensähnliche empfinden. Darum nennen wir sie Nachbarn. Unsere eigene Geschichte steht dieser Nachbargeschichte etwa so gegenüber, wie innerhalb unserer eigenen Menschenwelt sich Franzosen und Deutsche als Nationalitäten gegenüberstehen: fremd, jede in sich geschlossen, aber benachbart.

Es ist noch hinzuzufügen – und dies erklärt uns erst, wie die Zeiten der Renaissance sich immer selbst aufs heftigste mißverstanden haben –, dass eine wirkliche Verschmelzung zwischen griechisch-römischer Welt und unserer eigenen nur einmal hat stattfinden können, eben nur zwischen der griechisch-römischen Décadence und der ausgeruhten Frische und Gesundheit der neu erwachenden Völker. Oder besser gesagt: aus dieser Décadence, dieser gesunden Kraft und aus der Mischung des Geblüts der einen und der anderen Völker entstanden die neuen Völker mit ihrer neuen, primitiv beginnenden Kultur; und wir können nicht anders, als uns die Entstehung neuer Völker und Ende und Anfang von Kulturen auch für frühere wie für kommende Zeiten so vorzustellen. Die Renaissancen dagegen, die zu den Höhepunkten der gestorbenen und aufgezehrten griechisch-römischen Kultur zurückkehren wollten, waren gelehrtenhafte Geschichtsirrtümer, vergleichbar dem ewigen Irrtum der deutschen Kaiser, die glaubten, immer noch die römische Kultur und den römischen Staat weiterzuführen. Sie hatten Recht, die Menschen jener Zeit, dass sie sich nicht als finsteres Mittelalter, überhaupt nicht als Mittler und Überleiter fühlten; aber sie hatten Unrecht, wenn sie manchmal den tiefen Riß nicht spürten, der sie von der römischen Kultur trennte. Und doch war der Kaiser nur insofern ein römischer Kaiser, als er sich vom römischen Papst abhängig machte. Die Griechen und Römer sind unsere Nachbarn, die ihren eigenen Weg bis zum Ende für sich gegangen sind; es kommen ab und zu Zeiten, wo es besonders wertvoll ist, dass wir uns nach entsprechenden oder ähnlichen Abschnitten jener fremdnachbarlichen Kultur umsehen, aber zu irgendwelcher Rückkehr zu ihr, oder irgendeinem Wiedererwachen dieses Toten und Fertigen ist nie eine Möglichkeit. Was man in besonderem Sinn die Renaissance nennt, ist das Aufsteigen der Barocke, nämlich das Erwachen des Individualismus und Personalismus aus der Gebundenheit des Mittelalters, aber keineswegs das Wiedererwachen der griechisch-römischen Welt, das uns eine tote Gelehrtensprache (das mittelalterliche Latein war lebendig, und darum nicht klassisch), ein tödliches Recht und den toten Aristoteles brachte (auch der Aristoteles war vorher lebendig gewesen). Hier ist nicht eine kämpferische Rede gegen die überaus herrliche neue Kenntnis jener versunkenen Welt; sondern gegen die Versuche der Humanisten, sie wieder lebendig, in Wahrheit aber: das Lebendige mit diesem Tode tot zu machen. Man lese etwa nur, wie ein so prachtvoller Mann, eine so wahrhaft aus Banden erwachte Natur wie Theophrastus Paracelsus[11], der mit seiner vollsaftigen Menschennatur auch den Weg zur Natur und zur Naturforschung gefunden hat, sich gegen die verweste Büchergelehrsamkeit dieser Humanisten zur Wehr setzt. Und wer die Geschichte der induktiven Wissenschaften kennt, der weiß, dass nicht die Wiedererweckung der Griechen und Römer sie hervorgebracht hat, wie denn überhaupt die echte Zeit der Renaissance viel mehr noch vom reinsten und tiefsten Mittelalter an sich hat als von der Antike. Aber auf diesem Gebiet ist noch viel umzudeuten und besser zu verstehen; hat man doch sogar so völlig mittelalterliche Menschen wie Dante oder Nicolaus Cusanus[12] der Renaissance zurechnen wollen, wie man denn überhaupt die Tendenz hat, alles im Mittelalter, dessen Lebendigkeit oder Übergangswert man nicht leugnen kann, als Vorläufer der Renaissance zu betrachten, insbesondere in romanischen Ländern.

Wir werden sehen, dass die Ordnung des sogenannten Mittelalters, dieser bisher einzigen Blütezeit unserer eigenen Geschichte, in einer Synthese von Freiheit und Gebundenheit bestand – wie jede Höhe einer Kultur darauf beruhen muss; als die Gebundenheit da erstarrt war und dort gesprengt wurde, überall aber Sinn und Heiligung zu verlieren anfing, reckte sich die Freiheit hoch empor, gedieh zur Stärke und überragenden Genialität der Person, zu Zügellosigkeit und Gewalttätigkeit. Das ist es, was man zunächst Renaissance nennt, und was nicht eine Rückkehr zu Griechen und Römern war, sondern ein Verfall einer ersten Kulturhöhe und ein Übergang und ein Suchen nach neuen Formen. Daraus, aus diesem Verfall und aus dieser neu aufsteigenden Freiheit der Person, aus dieser Loslösung aus sozialer und geistiger Gebundenheit ward dann, was mit der sogenannten Reformation

---

11 Theop(h)rastus Bombastus von Hohenheim, genannt Paracelsus (1493-1541), Arzt und Naturphilosoph.
12 Nicolaus Cusanus alias Nikolaus von Kues (1401-1464), Philosoph, Kirchenpolitiker, christlicher Mystiker.

sich deutlicher zu gestalten beginnt und was ich Revolution nenne: unser Weg, den wir heute noch gehen.

Unsere eigene Geschichte also ist die Geschichte der Völker Europas oder der Christenheit, die sich an die Geschichte der Mittelmeervölker zeitlich anschließt. Wir nennen diese Geschichte ganz einfach darum unsere eigene, weil sie noch nicht zu Ende ist; den Ausdruck Christenheit dürfen wir ruhig gelegentlich auch für unsere Zeiten anwenden, wenn wir uns dabei vor Augen halten, dass diese Christenheit von heute nichts mehr mit dem Christentum zu tun hat. Unsere Darstellung will gerade zeigen, dass die eine große Ära unserer eigenen Geschichte, die zu einem Gipfel der Kultur führte, das christliche Zeitalter ist, das man gewöhnlich Mittelalter nennt; diese Zeit des Christentums aber ist vorbei, und zu einer neuen Ruhe, zu einem Bleiben, zu einer neuen Höhe der Völker sind wir seitdem noch nicht gekommen. Erst wenn es soweit einmal ist, können die Menschen dann wissen, wie tief der Einschnitt ist, der von der Renaissance und Reformation an das christliche Zeitalter von dem, das noch keinen Namen hat, trennt. Für unser Gefühl gehören wir mit der sogenannten mittelalterlichen Zeit, vor allem im Gegensatz zur griechisch-römischen Menschenwelt, eng zusammen. Nehmen wir irgendein Tafelbild aus der Zeit des Christentums, irgendein aus Stein gemeißeltes Menschenbild oder Ornament von einem gotischen Münster, und vergleichen wir diese primitivere Kunst mit einem klassischen Meisterwerk der Griechen; oder machen wir einen Gang etwa durchs bayerische Nationalmuseum in München und versenken uns in die Gerätschaften, in das Innere der Häuser aus der christlichen Zeit; oder vergleichen wir die Gestalten eines mittelalterlichen Mysteriendramas mit den großen Werken der griechischen Tragödie; oder Hagen und Siegfried mit Odysseus oder Achilles; oder die Minnelieder Walthers von der Vogelweide oder Heinrichs von Morungen[13] mit der Lyrik des Archilochos[14] oder des Horaz: allüberall finden wir in der christlichen Menschenwelt Seele von

---

13 Heinrich von Morungen (ca. 1150-1222), Minnesänger, neben Walther von der Vogelweide und Rainmar von Hagenau einer der bedeutendsten deutschen Lyriker des Mittelalters.

14 Archilochos (ca. 680-ca. 645/40 v. u. Zt.), griechischer Jambendichter.

unserer Seele, und bei den Klassikern erhabenen Tod und fremde Starrheit.

Was Rationalismus und Skeptizismus zum Glauben, zur Religion der christlichen Zeit sagen, darf uns hier bei dieser Rückschau nicht beirren und bestimmen. Rationalismus und Skeptizismus, die da sagen: das ist nicht ..., sind Pfade unseres Weges vom christlichen Alter fort. Das Christentum sagte: das ist ..., es war für das Mitleben der Menschen ein Sinn, eine Heiligung; es war ein Wahn. Ich glaube, wir dürfen nach unseren Kenntnissen von früherer Geschichte, und noch mehr nach unserer Kenntnis unseres eigenen Menschenwesens ruhig sagen, dass allen großen Gestaltungen des Mitlebens der Menschen ein Wahn vorgeleuchtet hat, dass die Menschen immer nur durch Wahn aneinander gebunden waren, dass immer nur der Wahn die Individuen zu höheren Organisationsformen und Gesamtheiten aufgebaut hat. Was unserem privaten Leben, unserem Familienleben Halt und Möglichkeit gibt, die Liebe, ist gerade so Wahn wie die Form lebendiger, lebenschaffender Liebe, die als Christentum einstmals gelebt hat. Es hat an Skeptikern nicht gefehlt, die die privaten Glaubensvorstellungen der Geschlechtsliebe Unsinn und ihre Folgen blutig, mörderisch und verhängnisvoll genannt haben. Sie hatten ebenso Recht wie wir Skeptiker, die den Glauben des Mittelalters auf unserem Wege nach neuem Wahn kritisieren. Aber das hindert nicht, dass die Liebe die Liebe ist, und dass die Völker des christlichen Alters in ihrer Form der Liebe wohlgeborgen und verherrlicht waren. Dies spricht die Rückschau und die Gerechtigkeit; auch die Sehnsucht, nicht nach demselben Wahn, der unmöglich ist, sondern nach einem neuen - nur, dass wir uns vorbehalten, uns gegen jeden Wahn mit Waffen oder Lachen zu wehren, weil keiner uns überwältigt.

Überwältigte aber waren die Menschen der christlichen Welt; überwältigt von Seele und Ehrfurcht und von metaphysischen Ahnungen von dem übers irdische Leben und Erfahren hinausgehenden Sinn der Welt. Man lese bei Augustinus etwa nach, wie die hochgebildeten Philosophen zu Kindern, die glänzenden Rhetoren zu Stammlern, die hohen römischen Staatsbeamten und Würdenträger zu Mönchen und Entsagenden wurden. Diese Menschen waren durchdrungen; und das Christentum ist die besondere Form des Glaubens, der Durchdrungenheit, dass dieser Welt keine Wirklichkeit zukommt, dass unser Leben ein Ziel, einen Sinn hat, der über alles irdische Leben, über alles Weltliche, über alles Materielle hinausführt. Die besondere Form dieser platonischen Lehre war das Symbol der Dreieinigkeit: wonach der Geist (der heilige Geist) und der Urgrund aller Dinge (der Vater) und der kreatürliche Mensch (der Menschensohn) eins und dasselbe sind. Alles Volk aber braucht zur Überwältigung nicht nur Symbol, Gefühl und Philosophie, sondern vor allem: Geschehnis, Anekdote, Beispiel, Epos. Darum ist mit dem Christentum als Volksreligion untrennbar verbunden die Erzählung von dem einen und besonderen Menschensohn, der Gottessohn war und Mensch und Gott in sich verkörperte und vergeistigte; und dazu noch war der Himmel voll von den Scharen der Engel und die Erde voll von Helfern und Heiligen, Asketen und Einsiedlern, die schon im Leben wie die indischen Erweckten die Stofflosigkeit und die Dinglosigkeit und so die Wunschlosigkeit und so über die größte Leere die größte Fülle des Unsagbaren und die Einung mit Gott erreichten. Esoterisch ging die Lehre in ihrer Reinheit, eingehüllt und geborgen in dem Märchenmantel, durch die Zeiten weiter: dass die Menschen Gott werden und raumlos, zeitlos in den Abgrund der Erstheit versinken, wenn sie Geistige werden.

Dies ist, auf eine kürzeste Formel gebracht, der geistige Gehalt des Dogmas und des Mythos der christlichen Völker. Solche Lehren und Geschichten kommen, umrankt von allerlei krausen Wundertätereien, abergläubischen Berichten und einer wüsten Mischung aus Mystagogie[15] und Materialismus, in einer alten, absteigenden, müde gewordenen Kultur hoch; allergeistigste Bedürfnisse tatloser Versunkenen mischen sich mit elender Hilfsbedürftigkeit haltloser und verstoßener Volksschichten. Ein Platon, ein Aristophanes[16], ein Perikles hätten sich mit Abscheu und fast physischem Ekel

---

15 Mystagogie, Lehre der Mysterien, griechischer Geheimkult. Ziel der Mysterien liegt im Erwerb des Heils für den einzelnen durch Verbindung mit dem jeweils im Mittelpunkt der Mysterien stehenden Kultgott.

16 Aristophanes (ca. 445-ca. 385 v. u. Zt.), bedeutendster griechischer Komödiendichter in Athen.

von dieser Madenbrut und unsauberen Hitze, von diesem Gemenge aus Verzagtheit und Ekstase, aus Dürftigkeit und Snobismus, abgewandt.

Eine ganz andere Bedeutung aber erlangt ein solches faulendes Gärungsprodukt der Décadence, wenn es mit frischen, ausgeruhten Völkerschaften voller Lebenskräfte und formender, bauender, zusammenschließender Energien in Berührung kommt. Da ist es gerade so, wie wenn der Mist auf den Acker kommt.

Eine Stufe großer Kultur wird da erreicht, wo mannigfaltige Gesellschaftsgebilde, die ausschließlich sind und selbstständig nebeneinander bestehen, allesamt von einem einheitlichen Geist erfüllt sind, der nicht in diesen Gebilden wohnt, nicht aus ihnen hervorgegangen ist, sondern als eine Selbstständigkeit und wie etwas Selbstverständliches über ihnen waltet. Anders gesagt: eine Stufe großer Kultur kommt da zustande, wo die Einheit in der Mannigfaltigkeit der Organisationsformen und überindividuellen Gebilde nicht ein äußeres Band der Gewalt ist, sondern ein in den Individuen wohnender, über die irdisch-materiellen Interessen hinausweisender Geist. Wir haben noch nicht das treffende Wort gefunden, das diesen Geist der Kalokagathia[17] für die Griechen bezeichnet; repräsentiert war er durch Götter und Kunst. Bei unsern Völkern ist der Geist repräsentiert durch den christlichen Kultus und das christliche Symbol. Über dem Acker, auf dem sie robust arbeiteten und über den Städten des Handwerks war die Bläue des Himmelsgewölbes ausgespannt: die Ewigkeit des Geistes und die Gleichheit und Göttlichkeit der Menschen, sofern sie auf seelenhaften Wegen in blaue Unendlichkeiten flogen. Die Romantiker, wie z.B. Novalis, haben es mit schönem Gefühl gewußt, dass das Blau die Farbe der Christenheit ist, diese Farbe, die mehr die Dunkelheit des Unwissens als das Licht der Erkenntnis zu bedeuten scheint, und die doch in Unendlichkeit da ist, wohin alle Sehnsucht geht und woher alles Licht fließt. Ein Bildnis der Muttergottes Maria kann man sich kaum vorstellen, das nicht irgendwie blau umsäumt wäre. Es ist gut, sich des Christentums als einer

---

17 Kalokagathia, bei den Griechen das ethische Ideal, das in der gymnastisch-musischen Erziehung verwirklicht werden sollte: die leiblich-geistige Vervollkommnung des Menschen.

farbigen Lebensmacht bewusst zu sein und zu wissen, was seine Farbe ist. Je ferner wir dem Christentum stehen, um so deutlicher gewahren wir, dass es, als es lebendig war, nicht farbloses Licht und nicht düsteres Brüten war, sondern magisches Blau. Man denke daran auch, wenn man die Schriften der Denker jener Zeiten, von Dionysius über Meister Eckhart[18] bis zu Nicolaus Cusanus liest, und von jenem Unwissen vernimmt, das ein Überwissen ist, von jener Dunkelheit, die das überirdische und gar übergöttische Licht ist. Nach solcher überirdischen Wirklichkeit streckten sich wie wachsende Bäume die Steintürme der Münster in die Höhe; diese Wirklichkeit gab den Menschen die besondere Form ihrer Innigkeit, ihrer Sehnsucht, ihrer Leidenschaft und auslesenden Geschlechtsliebe; sie gab ihrem Antlitz, ihrer Haltung und allen Geräten und Formen, die sie schufen, die Seele; sie erfüllte all ihre Einrichtungen und Gesellschaftsgebilde mit gemeinsamem Geist. Wenn man natürlich die kindliche Vorstellung hat, das Christentum: ein fertiges Lehrgebilde mit Antworten auf alle Fragen, sei Menschen gebracht worden, die wie Leere und ganz und gar Erfüllbare auf diese Bestimmung und Lösung wartend dagestanden wären, dann muss man einen klaffenden Widerspruch zwischen dem irdischen, tätigen, freudigen Leben und Bauen dieser Menschen und der lebensfeindlichen Lehre finden. Solche abstrakte Reinheiten und Abgezogenheiten gibt es in keinerlei Wirklichkeit. Das Erste und Selbstverständliche ist bei jedem jungen Beginnen, ist überall, wo nicht Abstieg und Verfall ist, das Leben, das sich in einer Fülle von Formen und Vereinigungen durchsetzt. Nirgends in der Wirklichkeit gibt es reinlichen Anfang oder abstrakte Konstruktion. Als das Christentum zu den neuen, primitiv beginnenden Völkern kam, kam es denn doch zu solchen, die aus Überlieferung, aus Vergangenheit, und in organisierten Verkörperungen weiterlebten. Bei ihnen konnte es nichts anderes sein als eine Heiligung und Verklärung des mit frischer Kraft weitergehenden Mitlebens. Das Christentum war für diese Menschen und Völker nur

---

18 Meister Eckhart von Hochheim (ca. 1260-1328), bedeutendster Mystiker des Mittelalters. Gustav Landauer übersetzte eine Auswahl seiner Predigten und Traktate aus dem mittelhochdeutschen und veröffentlichte sie 1903 unter dem Titel: Meister Eckharts Mystische Schriften (Berlin, Verlag von Karl Schnabel).

eine Wahrheit in Beziehung auf ihr privates und öffentliches Leben, auf ihr Arbeiten, Wachsen und Sichdehnen, das alles die Voraussetzung und das Erste war; hätte man dem Mitglied einer Gilde oder eines Sprengels gesagt, diese positiven, gestaltenden, Leben fördernden Verbände stünden in Widerspruch zum wahren Geiste des Christentums, er hätte es nicht verstanden, und es wäre ein so alberner Mißverstand gewesen, wie wenn einer heute von einem modernen Physiker verlangte, er solle gefälligst die Atome seines Körpers zählen und einzeln auf den Tisch legen. Mit Analysen, Zerfaserungen und antithetischer Sprech- und Verstandesmethode kommt man den Wirklichkeiten des Lebens niemals bei.

Hier sei nun wiederholt: das christliche Zeitalter repräsentiert eine Stufe der Kultur, wo mannigfaltige Gesellschaftsgebilde, die ausschließlich sind und nebeneinander bestehen, von einem einheitlichen Geist durchdrungen eine in Freiheit sich zusammenschließende Gesamtheit vieler Selbstständigkeiten darstellen. Wir nennen dieses Prinzip des Mittelalters im Gegensatz zum Prinzip des Zentralismus und der Staatsgewalt, das immer da eintritt, wo der gemeinsame Geist verloren gegangen ist, das Prinzip der Schichtung. Wir wollen nicht behaupten, es habe in der christlichen Zeit keinen Staat gegeben, obwohl sehr viel dafür spräche, dass man dieses Wort auf Einrichtungen wesensanderer Art nicht anwendete; aber jedenfalls hat es keinerlei Allgewalt des Staates, keinen Staat als Zentralform aller übrigen Formen der Gemeinschaft gegeben, sondern höchstens den Staat als unvollkommenes, verkümmertes Gebilde neben anderen, allermannigfaltigsten Gestaltungen der Gemeinsamkeit. Es waren vom Staat nur Überreste aus der rö-mischen Zeit und kleine, neue Ansätze da, die erst in der Zeit der Auflösung und Revolution Bedeutung erlangten.

Die christliche Zeit wird repräsentiert nicht durch das Feudalsystem; nicht durch die Dorf- und Markgenossenschaft mit ihrem Gemeinbesitz an Grund und Boden und gemeinsamer Wirtschaft; nicht durch die Reichsversammlung; nicht durch Kirche und Klöster; nicht durch Gilden, Zünfte und Brüderschaften der Städte mit ihrer eigenen Gerichtsbarkeit; nicht durch die selbstständigen Straßen, Sprengel und Kirchspiele dieser Städte; nicht durch die Städtebünde und Ritterbünde – und wieviel könnte noch an solchen ausschließlichen und selbstständigen Gebilden aufgezählt werden: die christliche Zeit wird charakterisiert eben durch diese Gesamtheit von Selbstständigkeiten, die sich gegenseitig durchdrangen, die sich durcheinander schichteten, ohne dass daraus eine Pyramide oder irgendwelche Gesamtgewalt geworden wäre. Die Form des Mittelalters war nicht der Staat, sondern die Gesellschaft, die Gesellschaft von Gesellschaften. Und was all diese wundervoll mannigfaltig differenzierten Gestaltungen vereinbarte und nicht eigentlich zusammen, sondern nach einer höheren Einheit zu wie in die Höhe band, zu einer Pyramide, deren Spitze nicht Herrschaft und unsichtbar in den Lüften war, das war der Geist, der aus den Charakteren und Seelen der Individuen her in all diese Gebilde einströmte und von ihnen verstärkt wieder in die Menschen zurückströmte.

Einen Maßstab dafür, ob eine Zeit eine Blütezeit, eine Höhe der Kultur ist, werden immer die Künste abgeben. In einer Kulturblüte sind die Künste sozial und nicht individuell, sind sie wie um einen Mittelpunkt herum gruppiert und vereint, aber nicht isoliert, sind sie vor allem Repräsentanten der Zeit und des Volkes, während sie in Zeiten der Auflösung und des Übergangs Produkte einzelner, vereinsamter genialer Naturen sind und nach der Zukunft oder wie nach einem geheimen, nicht vorhandenen Volke gravitieren. Eine solche Zeit der Fülle gebar die klassische Kunst der Griechen; einer solchen Zeit der Höhe gehören auch die Künste im christlichen Bereich an. Die bildende Kunst und Malerei des Mittelalters war untrennbar mit der Architektur verbunden, war Baukunst, die die Sehnsucht und den Reichtum ihrer Zeit repräsentiert. Im Gegensatz zu solcher fast anonymen Gesamtheitskunst charakterisiert sich unsere Kunst als Sehnsucht reicher Individuen aus der Zeit heraus. Und war es für die christliche Ära die Baukunst, die aus dem Bau der Gesellschaft als Wahrzeichen emporragte, das Symbol vereinigter und lebendig erfüllter Volkskraft; so ist unsere Zeit repräsentiert durch die individuellste, melancholischste und klagendste aller Künste: die Musik, das Symbol des unterdrückten Volkslebens, des Verfalls der Gemeinschaft, der Vereinsamung der Größe. Man hat, in ganz anderem Zusammenhang, die Architektur gefrorene Musik genannt; in geschichtlicher Wirklichkeit jedoch ist die Musik aufgetaute, aufgelöste, zerflossene, nur noch individuell-seelisch erscheinende Baukunst. Die

Architektur repräsentiert eine Wirklichkeit, die Musik die Zuflucht des Unbehausten und die Sehnsucht nach neuer Wirklichkeit. Münchhausen, der Erfinder, der keine wahre Wirklichkeit hat, sondern nur eine der Phantasie und damit der Einsamkeit, Münchhausen ist der Typus unserer Zeit und unserer Künstler. Was er getan hat, als er seine Fabrik von Luftsteinen errichtete, das tut die Musik; denn wenn die Architektur Gebäude aus Steinen aufrichtet, so baut auch die Musik herrliche, hochgetürmte Bauten und kühn geschwungene Wölbungen: aber aus bewegter Luft.

Die Plastik und Malerei, in der christlichen Zeit von der Architektur, den Kirchen, den Rathäusern, den Plätzen und Straßen, den öffentlichen oder privaten Repräsentationsräumen nicht zu trennen, repräsentierte damals die Gesellschaft, das Volk in seiner Schichtung und seiner Verbindung mit dem geistig-erhabenen Prinzip; dann trennte sich Malerei und Plastik vom großen Bau, wurde Expression genialer Individualität, schmückte aber wenigstens noch die Räume der „Gesellschaft", der fürstlichen, höfischen, adligen und bürgerlich-reichen Kreise. Heute hat sich die bildende Kunst schon beinahe ganz auch vom Wohnen der Privatmenschen losgelöst; das Gemälde und die Skulptur sind wie ein Gedicht in sich abgeschlossen als ein Produkt des Urhebers ohne Beziehung auf Empfangende; die Kunst ist nicht mehr ein Ausdruck derer, für die sie ist, sondern derer, von denen sie ist; und während eben in den Zeiten der Kulturhöhe Geber und Nehmer, Künstler und Publikum zusammengehörig, kaum getrennt waren, trotz der produktiven Genialität, die natürlich auch damals die Wenigen hatten und die Vielen nicht hatten, sind sie jetzt soweit voneinander, dass die Kunst nicht einmal äußerlich mehr einen Raum in der Gesellschaft hat, sodass ein eigener Kunstort geschaffen werden musste: das Museum.

Nicht anders steht es mit der Dichtung. Sie war in der christlichen Zeit überall zu Hause, wo Menschen zusammenkamen: in der Kirche, im Rathaus, in der Versammlung, unter freiem Himmel, auf dem Schlachtfeld, bei der Arbeit, auf den Burgen der Ritter und an den Höfen der Fürsten. Jetzt ist sie da zu Hause, wo ein Mensch sich in die Einsamkeit zurückzieht: im Buche. Oder man kommt allenfalls ausdrücklich und nur um der Dichtung willen zusammen. Hatte sich die Dichtung damals in das Leben eingereiht, so drängt

man jetzt selten, zu besonderen Veranstaltungen das Leben zurück, um sich einem fremden Element, dem Dichter, hinzugeben.
Etwas anders steht es mit dem Drama. Zwar gilt all das, was von den anderen Künsten und besonders der Dichtung gesagt wurde, auch von der öffentlichen Bühne der christlichen Völker und ihrem Mysteriendrama, das die Verbindung des weltlichen Lebens mit dem Kultus herstellte, der wiederum selbst überall ins feierlich-dramatische wuchs; aber das Drama kam im Mittelalter nicht zu seinem Gipfelpunkt, erreichte vielmehr seine Höhe erst in der seltsamen adlig-bürgerlichen Sphäre der Nachblüte des Mittelalters in England. Shakespeare hat daher seine Größe und die überragende Einzigkeit seiner Stellung, dass er in beiden Lagern zugleich steht: ganz und gar ist er schon das individuelle Genie der Einsamkeit und Volklosigkeit; und ganz und gar ist er dazu noch im Volke wurzelnd Repräsentant des Volkes und der Gesellschaft. Nur einer kann ihm verglichen werden und nimmt eine ähnlich einzige Stellung zwischen den Reichen ein: Johann Sebastian Bach, dessen Musik wie eine Krone und Wölbung über einem Menschenvolke ist, die aber frei in der Luft hängt, weil das Haus darunter in Trümmer gegangen ist.
Will man die Kunst jener Zeit aus dem Gemeinschaftsleben und das Volksdasein aus der Kunst begreifen, dann erfülle man sich etwa mit den Worten, die ein mittelalterlicher Rat von Florenz erlassen hat: „Keine Werke sollen von der Gemeinde begonnen werden als solche, die entworfen sind im Einklang mit dem großen Herzen der Gemeinde, gebildet aus dem Herzen aller Bürger, vereinigt in einem gemeinsamen Willen."*)

---

*) Die Zitate entnehme ich Peter Kropotkins[19] schönem Buch von der Gegenseitigen Hilfe, das ich übersetzt habe. Wer nicht viele und umfangreiche Geschichtswerke und Monographien studieren will, findet darin eine gute Zusammenstellung der Tatsachen aus dem Gesellschaftsleben des Mittelalters.

---

19 Peter Kropotkin (1842-1921), russischer Anarchist, veröffentlichte: Mutual aid: a factor of evolution. London 1902. dt.: Gegenseitige Hilfe in der Entwicklung, übersetzt und mit einem Vorwort von Gustav Landauer. Leipzig 1904; ders., Gegenseitige Hilfe in der Tier- und Menschenwelt. Hrsg. von Gustav Landauer. Ungekürzte Volksausgabe. Leipzig 1908 [weitere Aufll.]

Derselbe Geist war es, der die großen Werke der christlichen Kunst (christlich muss sie mit Fug heißen, statt des sinnlosen Wortes gotisch) und die Gesellschaften der Christenheit aufgebaut hat. Daher kommt es, dass jemand, der von einem fast physikalischen Standpunkte aus die Gliederung und mechanische Lastenverteilung eines Münsters erklären will, wie in einem Symbol ein Bild der christlichen Gesellschaft gibt. Der Engländer Willis schreibt in einem Anhang zu Whewell's[20] Geschichte der induktiven Wissenschaften: „Eine neue dekorative Konstruktion war heraufgekommen, die die mechanische Konstruktion nicht bestritt und störte, sondern ihr half und sie harmonisch machte. Jedes Glied, jeder Tragestein wird ein Träger der Last; und durch die Vielheit der Stützen, die einander Hilfe leisten, und die daraus folgende Verteilung des Gewichts war das Auge befriedigt von der Festigkeit der Struktur, trotz des sonderbar magern Aussehens der einzelnen Teile."

Der Mann der Wissenschaft hat hier einfach das Wesen des christlichen Baustils schildern wollen; aber da er das Richtige, den wahren Gehalt dieses Stils getroffen hat, und da der Bau dieser hohen Zeit eine Zusammenraffung und ein Symbol der Gesellschaft ist, hat er in seinen Worten ohne Absicht ein Bild dieser Gesellschaft gegeben: Freiheit und Gebundenheit; Vielheit der Stützen, die einander Hilfe leisten.

Isolierte Individuen hat es gar nie gegeben; die Gesellschaft ist älter als der Mensch. Den Zeiten der Auflösung, des Verfalls und des Übergangs blieb es vorbehalten, so etwas wie isolierte und atomisierte Menscheneinzelne zu schaffen: Ausgestoßene, die nicht wissen, wohin sie gehören. Wer in der christlichen Zeit zum Leben erwachte, tat es nicht nur inmitten der vagen Allgemeinheit oder der kleinlichen Gemeinschaft der Familie: er war Mitglied der vielen Gruppierungen und Korporationen, die sich schichtweise durchdrangen und jede in sich selbstständig blieben. Er war – als Städter – ein Mitglied seiner selbstständigen Straße oder Gasse, dann der Sektion oder des Viertels, schließlich der Stadtge-

---

20 William Whewell (1794-1866), Mathematiker, Historiker, Wissenschaftsphilosoph, Professor für Moralphilosophie an der Universität von Cambridge. „The Philosophy of the Inductive Sciences" erschien 1840 (2 Bde, London).

meinde als Ganzen; für die Lebensmittel, die vom Lande oder noch weiter her kamen, vor allem Salz und Getreide, sorgte die Stadt durch ihre Einkäufer oder durch festgesetzte Marktregulationen, die die Übervorteilung durch Aufkäufer unmöglich machten; er war Mitglied der Gilde, die gemeinsam das Rohmaterial kaufte, oft gemeinsam die Produkte verkaufte. Das Gericht der Gilde, seiner Zunftgenossen, urteilte über ihn, wenn es Streit oder Vergehen gab; mit der Gilde zog er in den Kampf, mit der Gilde in die allgemeine Versammlung. Machte er etwa eine Reise zu Schiff, so bildete sich wohl spontan eine Schiffsgilde, wie uns von dem Kapitän berichtet wird, der auf einem Schiff der Hanse das Schiffsvolk und die Reisenden also anredete: „Da wir nun Gott und den Wellen überlassen sind, muss jeder dem anderen gleich sein. Und da wir von Stürmen, hohen Wogen, Räubern und anderen Gefahren umringt sind, müssen wir eine feste Ordnung halten, damit wir unsere Reise zu gutem Ende führen." Und so erwählte man denn Vogt und Schöffen, und am Ende der Reise sprach der Obmann also: „Was an Bord dieses Schiffes geschehen ist, müssen wir einander verzeihen und tot und ab sein lassen. Was wir geschlichtet haben, war um der Gerechtigkeit willen. Deshalb bitten wir euch alle im Namen ehrlichen Gerichtes, all die Feindseligkeit zu vergessen, die einer gegen den anderen hegen kann, und bei Brot und Salz zu schwören, dass er nicht im Bösen daran denken will. Wenn aber irgend jemand sich für gekränkt hält, muss er an den Landvogt gehen und vor Sonnenuntergang von ihm Gericht begehren."

Wir brauchen nur solche Berichte aus Chroniken oder Predigten aus der christlichen Zeit oder den Sachsenspiegel[21] und andere Weistümer zu lesen, um lebendig zu fühlen: freilich gehen ein großer Teil unserer Institutionen auf jene Zeit zurück; aber heute sind sie tot, kalt, papieren und beziehungslos; damals waren sie zwischen den Menschen, oft für die Stunde oder den Zweck geschaffen, und gerade darum von ewiger Bedeutung. Der Geist schafft Gesetze; aber wenn die Gesetze geblieben sind und der

---

21 Sachsenspiegel, eines der bedeutendsten Rechtsbücher, im 13. Jahrhundert verfaßt, enthält gewohnheitsrechtliche Regeln des Staats-, Privat-, Prozeß- und Gerichtsverfassungsrechts.

Geist gewichen ist, – die Gesetze können keinen Geist schaffen und keinen Geist ersetzen.

In dem Jahrhundert, in dem es nach Huttens Wort eine Lust zu leben war, weil die Geister erwachten, fing der Geist der christlichen Zeit an dahinzugehen. Das Christentum hörte auf, Beziehungen zum Mitleben der Menschen zu haben; es wurde Lehre, Glaube, weil es unglaublich geworden war, und man klammerte sich an den Buchstaben, weil die Tradition nur gelten kann, wo das Geistige Gemeingeist und Lebensenergie ist. Es kamen die genialen Einzelnen, die fremd und starr, mit zusammengerafftem Mantel, durch ihr Jahrhundert gingen; die aber trotzdem keine harmonischen, selbstsicheren, allseitigen Personen waren, sondern wie entwurzelt oder zerrissen oder einseitig gerichtet und vielfach haltlos und wie mit einer Lücke behaftet. Wie war gleich Luther, dieser wahrhaft dröhnende Mann, haltlos, armselig und wie durchlöchert in allem, was die Gesellschaft und die Gemeinschaft der Menschen anging. Es kamen die Zeiten des Individualismus in dem zweierlei Sinn: der großen Individuen und der atomisierten und preisgegebenen Massen.

Nun verlange ich von dem, der mir bis dahin willig gefolgt ist, dass er innehält und für einen Augenblick der eigenen Versenkung von mir geht. Dies Gerippe, das ich hier vom Mitleben der Menschen der christlichen Zeit hingestellt habe, erfülle er mit Blut und Leben; diese Begriffe und Stimmungen verwandle sein Schauen, sein Vergleichen mit irgendwelcher von ihm gekannten, mitgemachten Wirklichkeit in eine Welt des Werdens, des Übergehens, des Niefertigseins, des Nebeneinanderhergehens vieler Mannigfaltigkeiten, des Unabsehbaren und Unentwirrbaren. Diese Tendenz, die ich finde und aufzeige, war nicht eigentlich so dürr, nackt und blutlos da; es war nichts da als Leben. Nur sage ich von diesem Leben, dass es für uns diese Bedeutung haben muss, die ich gesagt habe. Für uns, nach allem, was inzwischen geschehen ist, war das der Sinn der christlichen Zeiten: dass die Menschen da Individuen waren mit Flügeln der Sehnsucht; und dass diese Einzelsucht nach der Heiligkeit hin der Gesellschaft die Weihe, die Bestandsicherheit und die Selbstverständlichkeit gegeben hat. Wer mir einwenden wollte, dabei habe es aber auch die und die Formen des Feudalismus, des Kirchentums, der Inquisition, der Rechtspflege und das und jenes gegeben, dem kann ich nur sagen: ich weiß, trotzdem ... Alle Geschichte, alles Verstehen ist Abkürzung, Kondensation; Wissen kommt nicht durch bloßes Sehen zustande; es bedarf auch des Übersehens, wie das Leben das Vergessen ebenso braucht wie das Behalten.

So wie wir den Versuch gemacht haben, für das Jahrtausend von 500 bis 1500 das Walten einer einzigen Tendenz nachzuweisen: das Prinzip der Schichtung, ermöglicht durch den verbindenden Geist, der Gemeingeist ist, so wollen wir jetzt - und darum nur war diese Rückschau angestellt worden - behaupten, dass all die folgende Zeit von 1500 bis über uns weg in die nächste Zukunft hinein eine zusammengehörige Zeit ist, für die wir die Formel sagen wollen: ohne Gemeingeist; eine Zeit der Geistlosigkeit und - damit der Gewalt; eine Zeit der Geistlosigkeit und darum des mächtig gespannten Geistes einzelner Individuen; eine Zeit des Individualismus und darum der Atomisierung und der entwurzelten und zu Staub gewordenen Massen; eine Zeit des Personalismus und darum der entwurzelten und im Tiefsten melancholischen großen Geister; eine Zeit ohne Geist und darum ohne Wahrheit; eine Zeit des Verfalls und darum des Übergangs; eine Zeit von Menschen ohne Tapferkeit des Herzens, ohne Gehaltenheit, des Gehenlassens, des Duldens; und darum auch wiederum eine Zeit des Versuchens, der Kühnheit und der Frechheit, des Mutes und der Rebellion. Das ist die Gesamtheit, in der wir noch mitten darin sind, dieser Übergang, diese Verlorenheit und dieses Suchen: diese Revolution. Wir leben in diesen Jahrhunderten in einem Gemenge erstens aus Ersatzmitteln des Geistes: denn etwas muss da sein, was das Zusammenleben der Menschen bestimmt und ermöglicht: wo der Geist nicht ist, da ist die Gewalt: der Staat und die ihm zugehörigen Formen der Obrigkeit und des Zentralismus; zweitens aus den Wucherungen des Geistes: denn der Geist kann nicht schwinden; waltet er nicht mehr zwischen den Menschen, dann wuchert er verschwenderisch und verzehrend in den Einsamen, und so entstehen Gebilde der Schönheit und Weisheit, ganz anderer Art als in den Zeiten der Gemeinsamkeit; und drittens aus den Versuchen und Strebungen nach der Freiheit, die man im besonderen Revolutionen nennt. Die Gewaltsurrogate des Geistes werden drückend; die Utopie bäumt sich auf gegen eine besondere Übergangsform; in schweren Kämpfen unter der Führerschaft hochgeistiger oder seelenhaft tapferer Individuen tritt an die Stelle der einen Übergangsform ein anderes, mehr oder weniger variiertes Surrogat, und dieses hin und her geht solange unter den Menschen, bis die Zeit erfüllt ist und aus dem Gemüt und der Not der Individuen wieder ein verbindender Geist herausbricht, der neue Formen des Mitlebens schafft und durcheinander schichtet. Der Weg vom dahingehenden Gemeingeist durch Gewalt und Empörung, Not der Massen und Genialität, von Individuen zu neuem Gemeingeist: die Revolution, die unser Weg ist und die zu schildern jetzt unsere Aufgabe ist.

Die Zeiten, die wir angeben, sind selbstverständlich willkürlich gesetzt; das sei hier einmal für alle bemerkt. Was 1500 sich mächtig und unweigerlich zeigte, hat schon Jahrhunderte vorher begonnen und gewirkt. Die Mythoskraft des Christentums war durch die scholastische Theologie[22] und die kirchliche Organisation verloren gegangen. Diese Kraft beruhte in etwas, wovon wir uns in den Zeiten der Logik und der Verstandesnüchternheit schwer ein Erlebnis machen können; wir müssen an gewisse Formen der Frauenlogik denken oder an russische religiöse Menschen wie Dostojewskij und Tolstoj, um sie zu verstehen. Diese Mythoskraft heißt mit einem anderen Wort: Glaube; wer in der Zeit des lebendigen Christentums z.B. glaubt, dass Christus Gottessohn ist, der empfindet damit etwas von sich selbst und seinem eigenen Kindschaftsverhältnis zum tiefsten Weltengrund. Das Zeitalter der Mythoskraft hat, bei Griechen ebenso wie bei Christen und überall, die besondere Gabe, das Geglaubte nicht wörtlich zu nehmen, sondern symbolisch, diesen Gegensatz aber gar nicht zu Bewußtsein zu bekommen, und so das Symbol als etwas Leibhaftes zu nehmen und zu erleben. Die Theologie und die Kirche hat dann diesen Gegensatz hergestellt und hat mit ihrem Drängen, die Überlieferungen und Dogmen wörtlich zu nehmen, das Christentum um Leben und Sinn gebracht. So wurden die eigentlichen Christen zu Mystikern, zu Ketzern und bald auch zu Revolutionären gemacht. Mit dem Verstand, der Unterscheidung, der Spitzfindigkeit und Untersuchung, mit dem Versuch der rationalisti-

---

22 Scholastik, die Wissenschaft und Philosophie des Mittelalters, wie sie an den Universitäten, Kloster- und Domschulen gelehrt wurde.

schen Begründung der Religion hat die Dummheit, eine Dummheit einer Art und eines Maßstabes, von der wir sonst kaum irgendwo ein Beispiel haben, das Kirchenregiment angetreten. Zugleich aber wurden die eigentlichen Christen dazu gedrängt, sich ebenfalls rationalistisch aufzuklären, hell zu wissen, dass sie alles, was sie christlich oder irgend religiös einkleideten, nur symbolisch meinten, sie bekamen das Bewusstsein, von der Kirchenwissenschaft wie vom naiven Volksglauben getrennt zu sein; sie wurden isolierte Individuen, Denker, Philosophen. Es heben die Zeiten an, wo es keine Einheit des Volkes, keinen verbindenden Geist mehr gibt; und damit hören die weltlichen Institutionen, das Mitleben der Menschen, die Gesellschaft und ihre Verbände auf, von der Gemeinsamkeit der Individuen her frei und spontan gebildet, getragen, belebt zu werden; sie werden starr, durch äußere Bande zusammengehalten, oder zerfallen.

Wollen wir ein Symbol haben für dies alles zusammengenommen, für das Salz, das dumpf geworden ist, für die Dummheit des Wörtlichnehmens, das den tiefen Sinn zum platten Unsinn macht, und zugleich für die Mystik, die das Weltsymbol versteht, für die Ketzerei, die sich auflehnt, für die Natur, die sich gegen das Übergeistige, Verblasste, unverstanden Gewordene empört und der konkreten Wirklichkeit der Außenwelt und der eigenen Triebe entgegenschwillt, zugleich für den Verfall des einigenden, das Leben und Mitleben erfüllenden Bannes und für die Starrheit des Gemüts wie der äußeren Organisation, für das Erwachen der Wissenschaft und der Forschung wie die Unfreiheit des Geistes und zage Mutlosigkeit des inneren Wesens, wollen wir ein Symbol für all die Geistlosigkeit zwischen den Menschen, für alles, was in den neuen Zeiten des Verfalls und Übergangs nun herauskommt, so nennen wir Martin Luther. Dieser unheimliche Mensch hat darum eine so ungeheure Macht über seine Zeit gehabt, weil er diese Zeit ganz und gar gewesen ist. Die Dämonie und Kraft seiner Natur war in ihm geeint mit einer Dämonie, Unberechenbarkeit und heftigen Schwäche ganz anderer Art, die von der Mischung und Gebrochenheit seines und des Wesens seiner Zeit herkam.

Hundert Jahre vor Luther war schon einer aufgestanden, ein starkknochiger Mann nüchternen Geistes und eisernen Willens, ein christlicher Anarchist, der seiner Zeit weit voraus war, der Böhme Peter Chelčický. Der hatte den Versuch gemacht, das Christentum als Geist zu retten, hatte eingesehen, dass Kirche und Staat die Todfeinde des christlichen Lebens seien, das er, nun schon im Bewusstsein dessen, was vorher unausgesprochen wirklich gewesen war, als Reich des Geistes und der Freiheit bezeichnete. Gegen jegliche Gewaltausübung, gegen jegliches Gesetz, gegen jegliche Obrigkeit richtete er seine Lehren. Von innen her sollte der Geist strömen, der den Menschen die Ordnung brächte; die Freiheit nicht die Tochter, sondern die Mutter der Ordnung, diese Worte Proudhons hätten die seinen sein können. Die Zeiten waren damals schon so, dass dieser hussitische Tolstoj viel Gehör fand; aber sie waren auch schon so, dass das, was vorher einfach da war, sich jetzt nicht mit Verstand und Energie halten und herstellen ließ. Es gibt Propheten, denen das dichterische Schauen Worte in den Mund legt, die die Zukunft vorausnehmen und herbeibringen; und es gibt fanatische Bewußtredner voller Klarheit und Einsicht, die gerade dadurch, dass sie den erschreckenden Zustand neuer Gegenwart erkennen und aussprechen, die Vergangenheit, die sie halten wollten, vollends bestatten. Wenn die verbindenden Eigenschaften der Individuen, die die Gesellschaften schaffen, zu Worten und Kampfrufen werden, wenn die Innerlichkeit und die nötigende Selbstverständlichkeit zur Opposition und Demagogie wird, dann hat diese Heftigkeit und Kampflust wohl den Anschein der Jugend und des Neuen, ist aber nur das Zeichen, dass das Alte hoffnungslos dahingeht. Das Gefühl stirbt an der Bewusstheit, wie die Liebe an der Moral und die Heiligkeit am Dogma. So ist in diesen Zeiten des Verfalls einer, der das Übel erkennt, einer, der das Übel vermehrt: dadurch, dass er ein Erkennender ist. Einer dieses Schlages war Peter Chelčický; und so musste auch seine Bewegung in das münden, was er bekämpfte, wie späterhin die jungen Revolutionsparteien, wenn sie ein bisschen zu Jahren oder in schnellen Zeiten auch nur zu Monaten kommen, die selben Wege derer gehen werden, gegen die sie rebellieren; schon seine nächsten Jünger hatten keinen Sinn mehr für diese Verbindung des äußeren Lebens mit der inneren Stimme und der daher kommenden Kritik des Staates und der Herrschaftseinrichtungen; sie beschränkten sich als böhmische und mährische Brüder auf die Pflege frommen Innenlebens, begnügten sich damit, eine Sekte neben der Kirche und vielen anderen Sekten zu sein und wurden so schließlich zu der Brüdergemeinde, die man gewöhnlich die Herrnhuter[23] nennt. Das Wirken des grimmigsten christlichen Revolutionärs mündete in den gottseligen Schwächezustand, den wir von den Bekenntnissen einer schönen Seele her kennen.

In diesem Jahrhundert finden wir neben diesem radikalen Versuch, das Leben der Gesellschaft zu dem zurückzuführen, was man schon damals das Urchristentum nannte, aus dem Geiste des Christentums heraus Tendenzen zu nationalliberaler, demokratischer und sozialrevolutionärer Umwälzung; aufs tiefste erschütternd und fortreißend ist das soziale Pathos, aber auch überaus verständig, politisch und reif sind die praktischen Reformvorschläge, wie wir sie in den Schriften der Hussiten, in Friedrich Reisers Reformation des Kaisers Sigmund, und dann wieder in der Zeit des sogenannten Bauernkrieges, etwa in der Landesordnung Michel Geismairs[24] und in dem Aufruf der oberländischen Bauern finden. Eine weitverzweigte Fülle von Geist und Tatgenie, deren höchste Vertreter Carlstadt[25] und Thomas Münzer waren, haben da in leidenschaftlichem Ringen gewirkt und in weiten Länderstrichen das ganze Volk zu dem Versuch fortgerissen, das Leben der Gesellschaft wieder auf den Geist der Heiligkeit des Einzelnen, auf den allverbindenden Geist christlicher Gemeinschaft zu gründen.

Aber es war zu spät. Schon gab es da und dort Kreise, die es als ein Zeichen der Unbildung betrachteten, in christlichen Formen zu denken, zu empfinden, zu leben. Im Humanismus, in den Krei-

---

23 Herrnhuter, 1722 gegründete, evangelische Brüderunität aus der sächsischen Stadt Herrnhut.
24 Michael Geismair (auch: Gaismair), Tiroler Bauernführer, unterlag 1525 im Tiroler und 1526 im Salzburger Bauernaufstand, verfaßte die „Tiroler Landesordnung" (Abschaffung der Vorrechte des weltlichen und geistlichen Adels, Wiederherstellung der alten Bauernrechte und -freiheiten), auf Veranlassung der Tiroler Regierung 1530 in Italien ermordet.
25 Carlstadt, d. i. Andreas Bodenstein aus Karlstadt (ca.1477-1541), Theologe.

sen des Mutian[26], des Peter Luder[27], des Heinrich Bebel[28], war allerlei spielerischer Atheismus und Polytheismus aufgekommen; aus entlaufenen Mönchen, Juristen und Höflingen wurden Spötter, Frivole, Indifferente und ängstlich oder schlau einander Zublinzelnde, die ihren Erasmus lobten und bald ihren Rabelais[29]. Und es kam die Naturwissenschaft und die Naturdämonie; die Versuche, die Natur draußen zu zwingen und die eigene Natur loszulassen und freizumachen; Columbus und Lionardo waren gekommen, und die Astrologen mit ihrer tief revolutionierenden Lehre, dass der Wille und das Schicksal der Menschen nicht von göttlicher Freiheit, sondern weltlicher Gebundenheit seien; und es kamen die Magier und Chemiker, wie Agrippa[30] und Paracelsus, die von scholastischer und auch schon wieder von humanistischer Begriffswissenschaft und Wörterknechtschaft die Geister befreiten, die die Seelen und Wünsche vom leeren Wissen zum mächtigen Herrschen leiteten; und es kam Kopernikus[31]. De Revolutionibus Orbium Coelestium: da war auch dem Orbis Humanus die Revolutio gekommen, die unaufhaltsam mit zentrifugaler Gewalt die Individuen ins Leere hinauswarf, worin einige, wenige sich in sich selber konzentrierten und einen Stern aus sich gebaren, die Massen aber als chaotische Staubteilchen auseinander schwirrten. Die Revolutio, die nun durch die Jahrhunderte hin weitergeht, bis sie zu einem Neuen sich schöpft und gestaltet und nicht mehr Revolutio heißt, sondern Regeneratio.

Eine Phantasie stellt sich ein. Die Erde hatte sich aus ihren diamantenen Lagern erhoben und begonnen, sich in gewaltigen Stö-

---

26 Mutian, d. i. Konrad Mutianus Rufus (1471-1526), Humanist, versuchte christliche Theologie und antike Philosophie zu vereinen.
27 Peter Luder (ca. 1415-1472), Humanist.
28 Heinrich Bebel (1472-1518), Humanist, Professor der Poesie in Tübingen.
29 François Rabelais (1494-1553), französischer Satiriker und Humanist, Zeitkritiker der französischen Frührenaissance.
30 Agrippa d.i. Heinrich Cornelius Agrippa von Nettesheim (1486-1535), Naturforscher und Philosoph.
31 Nikolaus Kopernikus (1473-1543), Astronom, sein Hauptwerk „De revolutionibus orbium coelestium" erschien kurz vor seinem Tode.

ßen durch den Äther zu schwingen; der Himmel des Geistes und der Göttlichkeit, der kleine Menschenhimmel, der nichts gewesen war als ein Altar mit Sternenkerzen, an dem demütige Sehnsucht betete, war ein unendlich unendlicher Raum von Welten und Wesen geworden; der Mensch, der erst groß gewesen war als unmittelbar geliebter Sohn Gottes, fühlte sich jetzt – nicht klein im Angesicht des Universums – sondern riesengroß wie ein Magier und Bezwinger der Himmel und der Erden und aller neuentdeckten Kräfte, die wie Schlüssel waren und Steine der Weisen; Macht war die neue Wissenschaft, und Johann Faust[32] ist hundertfach in jenen Zeiten geboren worden; die Erde war neu entdeckt worden, und kühn ließen sich die Menschen wie von neuen Winden getragen um die Kugel herumtreiben, zu neuen Ländern: nach Afrika, nach Indien, zu den neuen Inseln und Ländern im Westen. Wie, wenn das, was in den Herzen der Größten lebte: des Nicolaus Cusanus, des Paracelsus, des Agrippa, des Giordano Bruno[33] und des Campanella[34] – was nicht kleiner war als das geistige Leben jener spät-frühen griechischen Denker, die die Bereiter des Christentums waren – wenn es hingegangen wäre ins Volk? sich in kleinen Gemeinden festgesetzt hätte? mit hellem Eifer und neuem Drang den neuen, den ausgeruhten Völkern in allen Zungen gebracht und gepredigt worden wäre? das Evangelium des Bruno den Nachkommen der Völker Hannibals in Nordafrika, den Kindern des Buddha in Indien, den edlen Völkerschaften Mexikos und Brasiliens? Wenn da wie zur Zeit des beginnenden Christentums Altneues und Neualtes zusammengetroffen und ineinander geflossen wäre, Geist ins Blut hinein und Blut in den Geist? Es ist nur eine Phantasie; eine neue Weltwende wäre es gewesen, statt dass wir jetzt mühselig, kümmerlich und voller Schwäche langsam uns zu erfrischen und zu erholen suchen, und von Revolutionen sprechen, die nicht viel anderes sind als Champagner für einen

---

32 Johann Faust (ca. 1480-ca. 1538), Astrologe, Zauberer, Quacksalber.

33 Giordano Bruno (1548-1600), italienischer Renaissancephilosoph, als Ketzer verbrannt.

34 Thomas Campanella (1568-1639), italienischer Renaissancephilosoph, Verfasser des „Sonnenstaates" (1602), eine kommunistische Utopie.

schwer Leidenden, der nach tödlicher Krankheit und in vielen Rückfällen sehr langsam genesen will.

Denn den neu entdeckten Völkern ist nur dreifacher Tod gebracht worden: Flintenkugeln, Hunger und Christentum. Die neue Wissenschaft, die neue Philosophie, die neue Kunst und die neue Moral aber eroberten sich nicht den kleinsten Teil Volk; bezeichneten vielmehr die Kluft zwischen den Genialen und dem Volk; und soweit sie verstümpert und verödet weitere Kreise zogen, den Abstand zwischen den Gebildeten und den Ungebildeten. Die Renaissance war nichts als die Schaffung eines neuen Adels, eines seltsamen Adels, den man wohl auch schon für jene früheren Jahrhunderte den Adel der Décadence nennen kann: eines Adels nämlich – immer abgesehen von den Epochen der Erquickung und Verbindung, den Revolutionen – ohne Volk, dem er voran, aus dem er hervorgegangen wäre, ohne Macht und bald auch ohne Stand. An die Stelle der Renaissance der Völker trat die sogenannte Reformation dessen, was den Völkern den Geist genommen hatte: der Kirche.

Was sich nun nach Reformation und Gegenreformation als kirchliches Christentum auftat, hatte, zumal in der ersten Zeit und auch später, in nicht zu kleinen Kreisen, vor allem in den Sekten, allerdings noch Beziehung zum Leben. Aber war in der Zeit des echten Christentums das Leben des Menschen ungeteilt gewesen, so war jetzt in das Individuum eine Trennung gekommen: das kirchliche Christentum bezog sich nur auf sein privates Heil und die engen Beziehungen der Familie und dessen, was sich nun die Moral nennt; das Leben der Wirtschaft, der Gesellschaft, der öffentlich-rechtlichen Zustände, also das eigentliche, lebendige, ins Weite gehende Mitleben der Menschen ist vom Christentum frei geworden, hat auch mit der Moral nur ganz dünne, haltlose, oberflächliche Durchwachsungen, ist, wie wir es nennen, geistlos.

Stattdessen war ein anderes gekommen, das man nicht vergessen soll, wenn man vom Wiedererwachen des klassischen Altertums spricht: das römische Recht. Vielleicht gibt es keinen größeren Hohn in der ganzen uns bekannten Geschichte der Menschen: dass zur gleichen Zeit die Reformation des Christentums und die Rezeption des römischen Rechts sich trafen. Wenn irgend etwas damals, im versinkenden Altertum, nach Geist und Überwältigung, nach Seele und verbindender Liebe gerufen hatte, also das Aufkommen des Christentums ermöglichte, dann waren es die Zustände des öffentlichen und Verkehrslebens, die im römischen Staats- und Zivilrecht ihren Ausdruck fanden. So hatten denn auch die frischen Völker, die ungefähr zur Zeit, wie das Corpus juris[35] zusammengestellt wurde, ihre Begegnung mit den klassischen Völkern und dem Christentum erlebten, so gut wie nichts von diesen totgewordenen Bräuchen angenommen und hatten im Weiterleben ihrer Stammessitten und in der Erfüllung mit neuem Geiste das germanisch-romanische Recht, das Recht der christlichen Zeit, ausgebildet. Und jetzt, wo das Christentum in Wahrheit dahinging und angeblich errettet wurde, trat an die Stelle menschenverbindenden Liebesgeistes und freundlich-lockerer, wahrhaft epischer Rechtstümer und Bräuche nicht etwas, was dem, das vor dem Christentum war, ähnlich gewesen wäre, sondern wie ein Gespenst aus dem Grabe dasselbe und nämliche: römischer Caesarismus, römischer Handels- und Wuchergeist, spätrömischer Kasualismus und Buchstabensinn, römische Starrheit, römischer kapitalistischer Individualismus, römisches Sklavenrecht und mit alledem die entsprechenden Menschen: die Juristen.

Das römische Wesen war ja nie ganz verschwunden gewesen; aber es war in der Verbindung des christlichen Freiheits- und germanischen Föderativ- und Selbstständigkeitsgeistes unterdrückt und verkümmert worden; in der Zeit Friedrich Barbarossas war das römische Staatsrecht, der Caesarismus, das heidnische Gottesgnadentum absoluter Fürstengewalt wieder aufgelebt, aber der Gemeingeist war noch lange kräftig genug, sich dagegen in Bünden und fortwährend neu sprossenden Gebilden zu wehren, und was er nicht ganz besiegen konnte, sich einzuordnen. Jetzt aber, wo der Geist dahinging und das gemeine Wesen in kleinen und großen Gebilden zusammenbrach, während doch gerade die neue Regsamkeit, die neue Welt, die mächtige Verbreiterung des Lebens nach Gefäßen und Formen begehrte, war Rom für Wirtschaft und Gemeinschaft die einzige Rettung.

---

[35] Corpus juris civilis, das im 6. Jahrhundert geschaffene Gesetzgebungswerk des oströmischen Kaisers Justitian I., eine Kodifikation des römischen Rechts.

Der Hohn aber, von dem ich sprach, ist noch viel schneidender, als bis jetzt ausgedrückt wurde. Denn der Mann, der auf dem Gebiete der Volksscholastik, des Kirchentums, der Dummheit, des Leichenhaften, das vom lebendigen Christentum sich in Wortsysteme erstarrt und begraben hatte, in Rom den leibhaften Antichrist sah und bekämpfte, derselbe Mann, Martin Luther, hat sein Gewaltigstes getan, um den wirklichen Antichrist, das wirkliche Rom, den Todfeind dessen, was wahres Christentum gewesen war, des Lebensgeistes, wieder zur Welt zu bringen, und hat es erreicht. Nicht nur dem Prinzip, Cuius regio, eius religio, die Religion der Untertanen bestimmt sich nach dem Befehl des Landesfürsten, sind die Reformatoren die Väter; ganz und gar ist die Anerkennung schrankenloser landesherrlicher Gewalt und damit der Ursprungsform des modernen Staates, das Gemächte der Reformation und vor allem dieses furchtbaren Mannes, Martin Luthers. Ein großer Teil der Fürsten und Herren hat sehr früh bemerkt, dass der Kampf gegen die römische Kirche ihnen eine ungeheure Verstärkung ihrer Macht und ihres Besitzes brächte; und die Reformation wäre nie durchgedrungen, wenn sich die Fürsten nicht in den Säkularisationen der Bistümer, Klöster und frommen Stiftungen hätten bereichern können. Luther und die Seinen haben das nach Kräften unterstützt; denn der Mann, der seine Lehre nur sein Evangelium und sich selbst von Gottes Gnaden Ecclesiastes von Wittenberg nannte, war ein Politikus[36], der der Macht, die er bekämpfte, Macht derselben Art entgegensetzen wollte: Wörterdogma und Schwertesgewalt. Doch hat er, kompliziert wie er immer war, dem Ekel an den Mitteln, wie sein Wesen sich durchsetzte, deutlichen Ausdruck gegeben: „Nihil mirum, si principes in Evangelio sua quaerunt et raptores novi raptoribus veteribus insidiantur."

Als dann in der ungeheuren religiös-revolutionären Bewegung, an deren Spitze die evangelischen Brüder standen, die man gewöhnlich nach einer ihrer Richtungen die Wiedertäufer nennt, und deren Lehren aus waldensischen und böhmischen Überlieferungen gespeist wurden, im Bauernkrieg, den man mit Fug die deutsche Revolution genannt hat, der aber noch treffender die christliche

---

36 Politikus, umgangssprachlich Schlaukopf.

Revolution hieße im Gegensatz zu dem, was nun einmal den Namen Reformation hat, hunderttausende deutsche Städter und Bauern den Versuch machten, die neuen Mißstände nicht bloß aus der Kirche, sondern aus dem öffentlichen Leben zu entfernen, ein evangelisches Leben zur Wahrheit zu machen, als der Verstand und der Fanatismus das durchsetzen und wiederherstellen wollten, was in der Zeit des Geistes zwar nicht nackt und unentwegt dagewesen war, aber als waltendes Prinzip alles Leben erfüllt, bestimmt und gelenkt hatte, da vollzog Luther mit furchtbarer Schärfe, was sich in diesem Jahrhundert angebahnt hatte: die Trennung des Lebens vom Glauben und den Ersatz des Geistes durch die organisierte Gewalt. Sein Kampf gegen die Werktätigkeit, der schon die Säkularisationen herbeigeführt und so viele Korporationen gegenseitiger Hilfe zerstört hatte, mündete jetzt in einen Kampf gegen das christliche Leben, sofern es mehr sein wollte als Privatleben. Es ist bekannt, dass Luther einen Augenblick geschwankt hat – wie er immer geschwankt hat und dann nach ungefüger Entscheidung doppelt wild und geradeaus war – ob er sich zu den Herren oder den Revolutionären schlagen solle. Erst hatte er in einer seltsam gedrückten und für einen so großen Mann überaus kleinlichen Verlegenheitswendung gesagt, die Reform der verderbten Obrigkeit gebühre nicht dem Volke, sondern der Obrigkeit; dann aber gab er den Aufrührern in einem versteckten Winke zu verstehen, wenn sie rein weltliche Revolutionäre sein wollten, „die Leute, die darum streiten, dass sie nicht Unrecht noch Übels leiden wollen noch sollen, wie das die Natur gibt", und aufhören, unter der Fahne des Christentums die Zustände umgestalten zu wollen, könne er es mit ihnen halten oder werde wenigstens nichts gegen sie unternehmen. Sonst aber müsse er den Kampf, wenn sie ihn in Christi Namen führten, als einen persönlichen gegen ihn und seine Lehre unternommen ansehen. Jetzt also war es so weit, dass reines, abstraktes, destilliertes Christentum da war; in seiner echten Zeit war das Christentum, wie oben gesagt wurde, für Menschen und Völker nur eine Wahrheit in bezug auf ihr privates und öffentliches Leben, auf ihr Arbeiten, Wachsen und Sichdehnen, das alles die Voraussetzung und das Erste war. Jetzt aber war der Mann gekommen, der oben als unmöglich für eine Zeit des geisterfüllten Mitlebens abgelehnt worden war, der den

Menschen bedeutete, diese positiven, gestaltenden, Leben fördernden Verbände stünden im Widerspruch zum wahren Geiste des Christentums, und der Mann war der Reformator Luther. Versteht man jetzt, was es mit seiner Ablehnung der Werkheiligkeit, seiner Lehre von der Rechtfertigung allein durch den Glauben auf sich hat? Nicht nur, dass sich diese Zeit ihrer Natur, ihres Fleisches, ihrer Triebe und ihres irdischen Drängens nach außen – statt der Abkehr und des Einziehens aller Sinne nach innen – bewusst geworden war und doch selig werden wollte; nicht nur dieses private Verhältnis des Individuums zum Gewissen kommt in Betracht, sondern ebenso stark das Gefühl dieser Zeit, dass ihr öffentliches Leben nicht mehr vom Geiste der Freiheit und Gebundenheit durchzogen und geregelt sein könne. Die Zeit hatte ein böses Gewissen; aus den Sinnen, den Muskeln, den Sehnen reckte sich etwas, was nicht Christus war; zwischen den Menschen als unsichtbare Atmosphäre war Christus nicht mehr; aber er sollte doch sein, und da wurde er im Buch konserviert, auf dass man ihn nach dem Tode fände So war denn das Christentum etwas Unlebendiges und darum eine Abstraktion und ein System geworden; die positiven Verbände aber wurden zu Bünden der Negation, der Kritik und des Aufruhrs. Es war demnach an die Stelle lebendiger Wirklichkeit in beiden Lagern der Verstand getreten; denn auch das Wollen der Revolutionäre war, solange sie nach der Vergangenheit gerichtet waren, nichts anderes als dass, was vordem Leben und Wahrheit gewesen war, jetzt sich in Einsicht und Verstehen gewandelt hatte. Der Verstand im Lager der Reformatoren (auch der katholischen natürlich) war scholastische Dummheit; das verständige Wollen bei den Revolutionären war Ohnmacht. Denn zum Schaffen, zur Schöpfung gehört mehr als Verstand und als Wollen, ich sage es durch diese ganze Schrift: gehört verbindende Eigenschaft; Geist; Liebe, die Kraft ist.

Bald hatte Luther seine Entscheidung getroffen, verband sich, nunmehr in völlig rasenden Worten der Gewalttätigkeit und Rachsucht, mit den Herren und stabilierte das Prinzip des Cäsarismus: die von Gott eingesetzte unantastbare Obrigkeit; die enge Verbindung von Thron und Altar. Wehe dem, der die evangelische Freiheit eines Christenmenschen noch als ein Lebensprinzip auffassen wollte! der die Lehre vom allgemeinen Priestertum so nehmen und geben wollte, dass die Allgemeinheit Selbstbestimmung in weltlichen Dingen habe. Es gab jetzt kein Volk mehr, es gab Pöbel. Es gab keine Werkheiligkeit mehr im privaten und öffentlichen Leben der Menschen; Gott war in die Abstraktion, das Buch, die Kirche gerettet worden; aber alle Heiligkeit, alle Weihe und Salbung, alle Majestät war auf das Haupt der Fürsten und Herren gesammelt. Das war die einzige Beziehung zum öffentlichen Leben, die dem also gewandelten Christentum geblieben war: dass es helfen musste, Untertanen zu machen und zu halten.

Um zu verstehen, was neben den vielen anderen kleineren und größeren Organisationen im Mittelalter von Staat da war, brauchen wir ein Wort, das Goethe geliebt hat: läßlich. Staat war etwas, was noch nicht feste Autorität, noch schwankend, unbestimmt, hin und hergehend in der Geltung war. Es gab vielerlei Obrigkeiten, aber es gab nicht das heilige Prinzip weltlicher Obrigkeit. Es gab vielerlei Verhandlungen und Tage und Beschlüsse, aber es gab nicht eigentlich Gesetze in dem unverbrüchlichen Sinne, wie es sich für uns schon beinahe von selbst versteht. Im sogenannten Staatsleben der christlichen Zeit, in den Zusammenkünften der Stände, den Bitt- und Beschwörungsreisen der Kaiser, ja sogar in den Kriegszügen war etwas, wovon wir etwa ein Bild bekommen, wenn wir an die Natur des russischen Menschen denken, an solche Typen, wie sie uns Tolstoj in seinen russischen Adligen, seinem Pierre, seinem Kutusow geschildert hat. Die Menschen des schöpferischen Wesens, die noch Chaos und Mythoskraft in sich haben, haben nicht gar viel Logik, Konsequenz und Schärfe, und steht unsere Zeit unter dem Wort: es muss getan werden und: es ist verboten, so wäre eher das Motto solcher Zeiten und Völker: es tut sich.

Das also kam nun anders: der moderne Staat kam mit seinen drei hintereinander aufsteigenden Tendenzen: absolute Fürstengewalt, absolute Gesetzlichkeit und Nationalismus.

Die Revolution, die in den hussitischen und Bauernkriegen und verwandten Bewegungen für lange hin zum letzten Mal versucht hatte, das Leben, das ganze Leben, vor allem, was man heute die wirtschaftlichen und sozialen Zustände nennt, zu wandeln, tritt jetzt eine tiefe Stufe hinunter: an die Stelle des christlichen Geistes tritt die Politik, auch wenn es sich um sogenannte Religionskämpfe handelt. Die nächste Zeit gehört den Staatskriegen nach außen, den Staatskriegen im Innern, die man meistens Religionskriege nennt, und den politischen Revolutionen, die nicht in irgend abstrakter Reinheit auftreten, sondern mit Religionswirren, Kriegen, Streitigkeiten zwischen Prätendenten und Kronenträgern untrennbar verbunden sind.

Diese politische Revolution erhebt sich, in den Köpfen fast allenthalben zur selben Zeit, in den Völkern schnell hintereinander in den Ländern Westeuropas: den Niederlanden, Schottland, Frankreich, England. Zuerst aber erstand sie, noch bevor der Kirchenstreit und durch ihn die Steigerung der Fürstenmacht gekommen waren, in dem Lande, von dem die neuen Bewegungen, die immer im Geiste beginnen, bevor ihre äußeren Bedingungen sich schon deutlich gezeigt haben, allemal ausgehen: im Lande Utopia. Das Buch Utopia des Engländers Thomas Morus, das 1518 herausgegeben wurde, ist das erste Auftreten des Neuen, das dann in der folgenden Zeit sich in gleicher Weise bei Protestanten und Katholiken erhob, vor allem aus dem französischen und allgemein romanischen Geist sich speiste, sich noch vielfach in die Sprache der Religionen kleidete, aber doch mit großer Schnelligkeit dem Weltlichen zuging. Dieses Neue war gewiß viel kleiner und enger als das, wovon wir bisher als dem christlichen Geiste gesprochen haben, es war zum größten Teil Form des Verstandes und der haarscharfen, an der Antike neu belebten Logik und Gegenständlichkeit, aber es war doch mehr als das, es war zwar im Wirksamen fast nur Kritik, Negation, Aufruhr, aber es lebte etwas Schöpferisches darin, und es war Geist, trotz seiner Begrenzung auf die Surrogatform des Mitlebens, den Staat. Wir nennen es den Geist der Republik, und die Männer, die ihn als Führer oder Sprecher der nun kommenden Staatsrevolutionen erzeugten und fortpflanzten, mögen den seit Barclay üblichen Namen der Monarchomachen haben.

Thomas Morus hatte scharf und in gefühlvoller Verständigkeit an den Zuständen, die heraufgekommen waren, Kritik geübt und in seiner Utopia ein Land gezeigt, das in Frieden Arbeit, Wissenschaft und Künste pflegt, das keine Unterschiede der Stände mehr kennt, das aus Zweckmäßigkeitsgründen einen Fürsten an der Spitze hat, der aber wie alle Beamten vom Volke erwählt wird, in dem vielerlei Bekenntnisse nebeneinander toleriert werden, da als Staatsreligion die sämtlichen Bürger nur eine Art Deismus eint: die öffentliche Verehrung der Gottheit; alle Sonderreligionen sind individuelle Privatsachen, da die Moral unabhängig von allen Glaubensvorstellungen ein rein weltliches Band zwischen den Bürgern ist. Man weiß, dass Thomas Morus später als Staatskanzler von Heinrich VIII. aufs Schafott geschickt wurde; und im England Heinrichs VIII. sehen wir aufs schärfste und gewalttätigste das repräsentiert, was die europäische Staatsrevolution gegen sich hervorgerufen hat: die auf die neuen Lehren des Protestantismus gestützte Tyrannei absoluter Fürstengewalt. Wir können das Wort Tyrannei, das uns wohl abgenutzt und trivial klingen mag, hier nicht entbehren: denn das Wort Tyrann kam jetzt eben wieder auf als spezifische Bezeichnung des Fürsten, der die alten verbrieften Rechte mißachtet und in Konflikt mit dem Willen des Volkes oder derer kommt, die ihre Tendenzen Volk nennen. Im Kampf gegen diese Tyrannen begannen die Monarchomachen die große europäische Staatsrevolution und damit den Versuch, feste Staaten zu bauen als Rahmen für ein freies und gedeihliches, verfassungs- und gesetzmäßig gesichertes Mitleben der Menschen. Es mischten sich in diesem Versuch die Bestrebungen der Tradition, alte Einrichtungen der Föderation, der Stände und Parlamente, der Freibriefe und beschworenen Verträge wiederherzustellen und auszubauen, und die Tendenzen der Vernunft, in freier Selbstherrlichkeit das Richtige, Gemäße, Natürliche herauszufinden und hinzustellen, das Schlechte, Verderbte, Anmaßende und vor Vernunft und Natur Unberechtigte niederzureißen. Der Staat war, gestützt vom römischen Recht und den Lehren des Protestantismus, als Absolutismus und Fürstenmacht in die Welt gekommen; jetzt wollte er, gestützt auf antiken Geist und die neugeborene individuelle Freiheitsliebe, einen Schritt weiter tun und eine umfassende politische Gemeinschaft der Nation werden.

Da wir schon wissen, dass was als Geist gestorben ist, als Meinung oder Überzeugung oder Glaubensgebilde im Verstand der Individuen noch lange weiterlebt, verstehen wir, dass diese politische Revolution auch in ihren nahezu besten Köpfen religiöse Einkleidung fand. Es machte aber da katholische oder protestantische Konfession kaum einen Unterschied, und es ist ganz verkehrt, besonders radikale Richtungen als Kampf jesuitischer Verworfenheit gegen protestantische Fürsten deuten zu wollen. In dem Land, das der Mittelpunkt der ersten großen Staatsrevolution ist, in Frankreich, sehen wir, wie Protestantismus und Katholizismus fast unentwirrbar durcheinander gehen, wie protestantische Monarchomachen die geistigen Führer einer katholischen revolutionären Volksbewegung sind, wie aber der Mann, der der größte und stärkste Ausdruck dieser Revolution ist, kein Kämpfer, sondern ein einsamer Schreiber, in seinem Buch jenseits jeglicher Konfession und alles Christentums steht, nur mit den Waffen der Logik, der Sachlichkeit, der Weltlichkeit und des Individualismus kämpft: Etienne de la Boëtie[37], der größere Freund des berühmten Montaigne. Dieser weltlich freie französische Geist, der in Rabelais schon sein großes Vorspiel gehabt hatte, ist es, der in den nächsten Jahrhunderten Frankreich die Führung Europas gibt, nicht sein cäsarischer Zentralismus und seine siegreichen Könige.

Im England Heinrichs VIII., in dem die Verbindung von Protestantismus und Fürstengewalt ihre äußerlichste und gewalttätigste Form gefunden hatte, in dem aber im übrigen das Leben noch am stärksten von lebendigem, verbindendem Geist erfüllt war, in dem sich auch die germanisch-romanischen Rechtseinrichtungen, das Recht und die öffentlichen Institutionen des christlichen Alters am lebendigsten hielten und am stärksten gegen das römische Recht wehrten, brach der Kampf für den modernen Staat, die Republik – wir brauchen dieses Wort in seinem weiten Sinn – zuerst aus. Es kann hier nicht unsere Aufgabe sein, die Volksbewegungen und inneren Kriege in irgendwelche Einzelheiten zu verfolgen; es kann sich hier nur um ein Stück Geistesgeschichte handeln. Für diese Periode, die Zeit des beginnenden Individualismus und der davon beeinflußten Volksbewegungen, ist es aber nötig, auf das Wirken einzelner Personen, die den neuen Geist im Staate verkörperten, hinzuweisen. Der in England dieses Neue zuerst aussprach und gleich alle die

---

37 Etienne de La Boëtie (1530-1563), Franzose und Katholik, 1553 Mitglied des Parlaments in Bourdeaux, befreundet mit Michel de Montaigne. Sein Hauptwerk „Discours de la servitude volontaire", dt. „Von der freiwilligen Knechtschaft", hat Gustav Landauer übersetzt und 1910/11 im „Sozialist" veröffentlicht.

Fragen, um die es sich in folgenden Jahrhunderten handelte, in präzise Form brachte, war der Bischof John Poynet. Wenn wir den Titel seiner Schrift, die 1556 herausgegeben, aber früher verfaßt wurde, hierher setzen, haben wir damit das Thema der westeuropäischen Kämpfe der nächsten Zeit bestimmt; er lautet, aus dem Englischen übersetzt: „Eine kurze Abhandlung über politische Gewalt und über den wahren Gehorsam, den die Untertanen Königen und anderen weltlichen Herrschern schulden, in einer Antwort auf sieben Fragen: 1. Woraus politische Gewalt erwächst, wofür sie eingeführt wurde, und von der rechten Anwendung und Verpflichtung derselben; 2. ob Könige, Fürsten und andere Herrscher eine absolute Gewalt und Autorität über ihre Untertanen haben? 3. ob Könige, Fürsten und andere politische Herrscher den Gesetzen Gottes und den positiven Gesetzen ihrer Länder unterworfen sind? 4. in welchen Dingen und inwiefern die Untertanen gebunden sind, ihren Fürsten und Herrschern zu gehorchen? 5. ob alle Güter der Untertanen das Eigentum des Kaisers oder Königs sind, und ob die Fürsten sie gesetzlicherweise als ihr Eigentum nehmen dürfen? 6. ob es gesetzlich ist, einen weltlichen Herrscher abzusetzen und einen Tyrannen zu töten? 7. welches Vertrauen Fürsten und Potentaten entgegenzubringen ist?" Diese Fragen aufwerfen hieß sie beantworten, und es ist ganz richtig, was der gute Historiker Grässe einige Jahre vor 1848 über diese Schrift sagte: „Man kann sich leicht denken, dass die ärgsten Demagogen unserer Zeit nicht schlimmere Ideen haben können, als hierin entwickelt sind." Das mag wohl so sein, denn wir werden noch öfter sehen, dass die Zeit im Alter des Übergangs sehr langsam vonstatten geht und dass die Revolutionen immer denselben Inhalt zu wiederholen haben, und der Historiker hätte also hinzufügen dürfen, dass die Ideen der Dema-gogen und Revolutionäre seiner Zeit eben in jenen Zuständen des sechzehnten Jahrhunderts, die in der Mitte des neunzehnten noch dauerten, ihren Ursprung hatten. Natürlich geht auch John Poynet mit seinen entschiedenen Fragen und unverblümt logischen Antworten auf weit frühere Überlieferungen zurück; denn es war immer so, dass wo eine einschränkende und an sich reißende Gewalt sich festsetzen wollte, die Freiheitsliebe ins Bewusstsein trat und sich ihre Theorie schuf. So hatte zur Zeit

Kaiser Heinrichs IV. der deutsche Mönch Mangold von Lautenbach vorgeschlagen, einen König, der zum Tyrannen geworden und so den Vertrag mit dem Volke gebrochen hatte, wie einen diebischen Schweinehirten fortzujagen oder auch dem Beispiel des Brutus zu folgen; und als Friedrich Barbarossa und seine Juristen römischen Cäsarismus wieder aufleben lassen wollten, da verkündete der berühmte Scholastiker Johann von Salisbury seine Staatslehre, wonach der Fürst aequitatis servus und publicae utilitatis minister sein solle; weiche er davon, ab, mißbrauche er die ihm anvertraute Gewalt, so sei er ein Tyrann und damit der Todfeind der Gemeinschaft, den zu töten nicht nur erlaubt, sondern heilige Pflicht sei. Und als dann später die italienischen Städterepubliken um ihre Freiheit zu ringen hatten, da baute Marsilius von Padua[38] sein System der Demokratie mit dem civis principans, dem fürstlichen Präsidenten, an der Spitze, der von der Gesamtheit der Bürger, die die gesetzgebende Gewalt hat und durch ihre Experten - Parlamentarier - ausübt, abgesetzt werden kann. Und dann haben Poggio[39], Aretino[40] und Macchiavelli vor allem manch kräftig Wort für die Republik und gegen die Fürstenmacht gesprochen. Nur war es jetzt so, dass die Fürstengewalt sich festgesetzt hatte, und dass ihre Bekämpfer nicht mehr vereinzelte Rebellen waren, sondern revolutionäre Nationen.

Denn schon entspann sich der große Freiheitskampf der Niederländer gegen ihren König Philipp II. von Spanien, unter der Führung Wilhelms von Oranien[41]. Und dieser Revolutionskrieg wird siegreich durchgeführt, und der neue Geist schafft sich mit Gewalt der Waffen und überlegener Diplomatie die erste europäische Staatsrepublik: 1581 treten die niederländischen Generalstaaten ins Leben.

---

38 Marsilius von Padua (ca. 1280 1343), italienischer Staatstheoretiker.
39 Poggio d. i. Gian Francesco Poggio Bracciolini (1380-1459), italienischer Humanist.
40 Pietro Aretino (1492-1556), italienischer Dichter.
41 Wilhelm I., Graf von Nassau und Prinz von Oranien (1533-1584), führend im Widerstand gegen Philipp II. von Spanien, Einiger der Niederlande (Utrechter Union 1579), von einem katholischen Fanatiker ermordet.

Inzwischen war in Frankreich unter dem Patronat der Katharina von Medici[42] die Bartholomäusnacht[43] gewesen und die Franzosen standen nahe vor dem Ausbruch der Revolution. Mit leidenschaftlicher, oft aktiver Teilnahme verfolgten sie, gleichviel ob Katholiken oder Hugenotten, Geistliche, Gelehrte, Politiker und Volk, die Ereignisse in den Niederlanden, und zwei französische Politiker waren es, die während der niederländischen Revolution den Kampf Poynets wieder aufnahmen. Fast gleichzeitig veröffentlichten in den siebziger Jahren der berühmte Jurist François Hotman sein Werk Franco-Gallia und der große Staatsmann Hubert Languet[44] unter dem Pseudonym Etienne Junius Brutus seine Vindiciae contra Tyrannos. Beide waren Protestanten, aber von dem besonderen Schlage der französischen Protestanten, die das meiste dazu beitrugen, dass im Geist ihres Volkes an die Stelle toten Christentums lebendige, sprühende Weltlichkeit trat und an die Stelle der Idee des gottgekrönten absoluten Monarchen die Idee des Volkswohls im absoluten Verfassungsstaat. Einstweilen aber blieb den in der Heimat verfolgten Politikern modernen Schlages nichts übrig, als ihren lebhaften Geist fremden protestantischen Fürsten, vor allem den deutschen, zu vermieten und so von außen her ihrer Heimat zu dienen. Denn so wie die katholischen Fürsten schon nicht mehr ohne den modernen, logisch geschulten, beweglichen, auf die Dinge der mannigfachen Welt gerichteten Geist der Jesuiten auskamen, so die protestantischen nicht ohne französische Hugenotten. So dienten auch Hotman und Languet lange Zeit hindurch allerlei Fürsten, und von beiden gilt wohl, was Mornäus von seinem Freunde Languet sagt: „Aus der Bekanntschaft mit der Welt hat er eines gelernt: Verachtung

---

42 Katharina von Medici (1519-1589), Königin, verheiratet mit Heinrich II. von Frankreich, bestrebt die Stellung der Krone über den Ständen und Religionsgruppierungen durch ein Gleichgewicht der Konfessionen und durch Verständigung mit Spanien zu sichern. Als der Einfluß des französischen Hugenottenführers Gaspard de Coligny auf ihren Sohn Heinrich III. zu groß wurde, ließ sie die Hugenottenführer, auch Coligny, in der Bartholomäusnacht ermorden.

43 Bartholomäusnacht, Pariser Bluthochzeit in der Nacht vom 23. zum 24. August (Bartholomäustag) 1572.

44 Hubert Languet (1518-1581), Diplomat, Publizist, Staatstheoretiker.

der Welt." Schließlich wurden sie beide von der niederländischen Revolution an sich gerissen und veröffentlichten ihre Werke, die der französischen vorarbeiteten. In der Franco-Gallia setzt Hotman mit scharfen Ausfällen und Anspielungen auseinander dass das Königtum in Frankreich immer ein Wahlkönigtum gewesen und dass auch jetzt die Könige von den Ständen zu wählen und vor allem: abzusetzen seien. Der ungleich größere Languet richtet seine Worte ganz im allgemeinen "in tyrannos"; dass er es vor allem auch wieder auf Frankreich abgesehen hat, ist durchaus bemerkbar. Languet, auch ein wundervoller Stilist, trotz der lateinischen Sprache seines Werkes ganz ein moderner Franzose in seinen Worten pathetischen Schwungs und scharfen Witzes, war auf weiten Reisen bis ins hohe Lappland hinauf und in viel verzweigter politischer Tätigkeit und Korrespondenz ein eigener Kopf und nachdenkliche Person geworden, innerlich frei und fest auf sich stehend. In Lappland, wo er einen Volksstamm mit uralt heidnischen Bräuchen – er hält sie für Feueranbeter – getroffen hat, bekennt er, etwas gelernt zu haben, was ihn niemand hätte lehren können. Es wird wohl die Gleichgültigkeit aller konfessionellen Formen und die Würde und der Adel des Menschen in jeder Gestalt gewesen sein; vielleicht auch das Gebot: angesichts harter und unerbittlicher Natur streng gegen sich selbst und tapfer für die Idee zu sein. Der Art sind die Menschen, die jetzt in freier Weltlichkeit hochkommen, innerlich schon bis zum Melancholischen auch frei vom Zusammenhang mit dem Volke, dessen Vorkämpfer diese frühen Individualitäten doch sind. Als so einer zeigt sich Languet in seinem Leben, seinen Briefen, vor allem in seinem Werke Vindiciae. Languet weiß noch ganz und völlig, dass es der Geist ist, der die Völker und die Kulturen schafft und fördert; für ihn aber wie für alle diese Vorausgehenden seiner Zeit lebt kein anderer Geist mehr als der Geist der Republik: "Das Gesetz ist der Geist oder auch die Mannigfaltigkeit der Geister in ihrer Einheit; der Geist aber ist ein Teil des göttlichen Odems." Die Willkür, die Machtgier, die Rücksichtslosigkeit, die wir unsozial nennen würden, die er und all diese Epoche ungesetzlich nennt, ist etwas Tierisches, und so fährt er fort: "Wer also lieber dem König als dem Gesetz gehorchen will, scheint die Herrschaft eines Tieres lieber zu wollen als die göttliche Herrschaft." Hier wird man verstehen, wieso ich sage, dass diese Tendenz zur Res Publica nicht bloß Sache des Verstandes war, sondern schöpferischer Geist. Staat und Gesetz waren für die revolutionären Vorkämpfer dieser Zeit der Gott im Menschen, verbindende Eigenschaft; etwas, was als Gleiches und Nämliches aus den Individuen hervorkam und sie zur Gesamtheit und zum höheren Organisationsgebilde verband. Es war die einzige Einheit, die dieser Zeit geblieben war; und es sollte sich herausstellen – oder ist es noch nicht so weit? wird es sich vielen erst in der Zukunft zeigen? – dass dieser Geist verbindend und göttlich nur ist in der Aggression, dem Einreißen und der revolutionären Haltung; dass er da nur Wärme hat; dass er sonst aber nichts Positives, nichts Schöpferisches ist und nichts wirklich von innen her Verbindendes, dass er, sowie der Kampf aufhört, das wirkt, was vorher bekämpft worden war: Gewalt von außen her. Darum sind in dieser Epoche die Männer die größten, die am stärksten und aufs Genialste allgemein negieren, und der Gewaltigste wird der gewesen sein, der in seiner Kritik bis in die Psyche des Volkes und der Untertanen vordringt. Languet ist da nahe herangekommen; nur dass er noch voll ist des milden, verbindenden, positiven Geistes der vorhergehenden Zeit; „wie wir alle in der Gesamtheit Herren sind", sagt er, „so stehen wir alle einzeln genommen im Verhältnis von Brüdern oder Vettern oder Anverwandten zueinander." So stützt er sich auch weniger als es sonst wohl in seiner Zeit schon geschah, auf die Forderungen der Vernunft oder gar den Naturzustand in einem goldenen Zeitalter, als vielmehr auf die freiheitlich-föderativen Überlieferungen und Einrichtungen des Mittelalters: die Freibriefe, die verbürgten und beschworenen Verträge, die Stände, Parlamente und Munizipien, und vor allem wieder: die Wahl des Königs durchs Volk. In Spanien z.B., sagt er, war es seit Jahrhunderten üblich, dass die Kirche einen König, wenn er dem Volke den Eid gebrochen hat, verflucht und den großen Bann über ihn ausgesprochen hat; er war vogelfrei und jedem in die Hand gegeben. Aber diese Bräuche sind in Vergessenheit gekommen, „es pflegt ja gemeiniglich so zu sein, dass, wofür alle sorgen sollten, keiner sorgt." Und „so groß scheint immer und aller Orten die Frechheit der Könige und der Reichsbedienten Pflichtvergessenheit und Trägheit gewesen zu sein, dass die Könige jene Zügellosigkeit, in der so viele sich hochfahrend gefallen, gleichsam durch eine Art erwerbende Verjährung ersessen zu haben scheinen ... Aber die Jahre nehmen dem Recht des Volkes nichts, sie verstärken nur das Unrecht des Königs." Fast prophetisch hat damit Languet das Schicksal seines Landes und seiner Könige ausgesprochen: denn die große Revolution, die wenige Jahre darauf ausbrach und zwei Königen das Leben kostete, ist unterlegen; die absolute Gewalt setzte sich wieder fest und es kamen die Ludwige; aber das Unrecht der Könige – so klingen seine Worte uns – vererbt sich auf ihre Nachkommen. Zweihundert Jahre, nachdem Heinrich III. unter dem Dolche gefallen war, brach dieselbe und nämliche, lange verschüttete Revolution wieder aus, und Ludwig XVI., der das Erbe seiner Väter als launischer Schwächling verwaltete, starb unterm Beil der Guillotine.

Mehr und mehr wurden die Fürsten von den Männern des Geistes und vom Volke eingekreist. Um dieselbe Zeit nahm der große Schotte George Buchanan[45], berühmt als Satiriker, Dichter und Historiker, im Anschluß an die Kämpfe der Schotten gegen Maria Stuart[46] als Dreiundsiebzigjähriger den Kampf auf in seinem Dialog De jure Regni apud Scotos. „What then", ruft er darin aus, „shall we say of a tyrant, a public enemy, with whom all good men are in eternal war fare? may not any one of all mankind inflict on him all penalty of war?" Man sieht, man hat in dieser Zeit für solche Lehre des terroristischen Einzelkampfes durchaus nicht auf die neuen Scholastiker, die Jesuiten, zu warten brauchen; denn Buchanan stand dem Protestantismus weit näher als der katholischen Kirche, wiewohl dieser freie Kopf gar keiner Konfession zuzurechnen ist. Er war ein Freund Montaignes, aber weniger vorsichtig und zurückgezogen als er. Als er in Paris dozierte, war einer seiner Schüler der blutjunge Etienne de la Boëtie, der noch weit über seinen Meister hinausgehen sollte, nicht nur an Energie und schwungvoll dichterischer Kraft des Ausdrucks, sondern vor allem durch die Genialität seiner Verallgemeinerung.

---

45 George Buchanan (1506-1582), schottischer Humanist.
46 Maria Stuart (1542-1587), Königin von Schottland, musste sich 1586 wegen Verschwörung gegen die englische Königin Elisabeth einem Hochverratsprozeß stellen und wurde am 8. Februar 1587 hingerichtet.

Frankreich ließ sich nun nicht mehr halten. Als mit Heinrich III., der vom Thron Polens geflohen war, um die Thronfolge von Frankreich nicht einzubüßen, einer der brutalen Feiglinge und lüsternen Frömmler König geworden war, die unter den Monarchen nicht selten sind, war das edelmütige Volk der Franzosen reif zur Revolution. Man betrachtet diese Kämpfe der Liga gewöhnlich als Krieg der Katholiken gegen die Hugenotten, und als Kampf eines Prätendenten gegen den König. Das Entscheidende aber ist, dass es eine große föderativ-republikanische Revolution gegen die absolute Monarchie, für die alten Rechte und Freiheiten war, getragen von einem Geist, der wundersam gemischt war aus dem alten freiheitlich-christlichen Bündlersinn und dem neuen, auf die Antike und den Individualismus gestützten Geist der Vernunft und der Verfassung. Die Vordersten im Kampf waren die Stadtgemeinden, allen voran die Kommune von Paris[47] mit ihren sechzehn vom Volk erwählten Viertelvorstehern; mehr und mehr drängte die Bewegung dahin, die Herrschaft des Königs abzuschütteln, Paris zur freien Stadtrepublik zu machen und dann weiterzugehen, die Stände einzuberufen und Frankreich nach dem Beispiel der Niederlande, in denen so manche französische Politiker wirkten, zum Freistaat zu machen. Eine Menge wilde revolutionäre Flugschriften erschienen, und allen voran kämpften die Geistlichen für Freiheit und Volksrechte. Die Pfarrer von Paris erließen eine Proklamation, „die Versammlung der Stände besäße die öffentliche Gewalt und die unveräußerliche Souveränität, die Macht zu binden und zu lösen." Jean Boucher, der Pfarrer von St. Binoit verkündete, „der Fürst gehe aus dem Volke hervor, aber nicht auf Grund notwendiger Erbfolge oder gar der Gewalt, sondern auf Grund freier Wahlen." Und ein anderer Pfarrer, Pigenat, rief, Gott spreche nur durch die Stimme des Volkes: „Vox populi, vox Dei." Das war nicht mehr bloß der alte christliche Geist, der zu Verstand und damit zu aggressiven Worten gekommen war, in vollem Bewußtsein des

---

47 Kommune von Paris, Aufstand der Arbeiterschaft und Nationalgarde im März 1871 gegen die Nationalversammlung. Der gewählte revolutionäre Gemeinderat (Commune) strebte ein Umwandlung Frankreichs in einen Bund souveräner Gemeinden an. Die Pariser Kommune wurde im Mai 1871 von Regierungstruppen in blutigen Straßenkämpfen niedergeworfen.

Gegensatzes zum protestantischen Gottesgnadentum, es war vielmehr, manchmal bewusst, oft nur undeutlich gefühlt, vielfach nur noch gewohnheitsmäßige und wirksame christliche Einkleidung für den schöpferischen neuen Geist der demokratischen Staatsidee. Den Pfarrern schlossen sich die Gelehrten an; am 29. Dezember 1587 stellte die Sorbonne den Grundsatz auf, „dass man die Regierung solchen Fürsten, die für selbige nicht geeignet befunden würden, in eben der Art abnehmen könne, wie eine Vermögensverwaltung etwa verdächtig gewordenen Vormündern."
Und nun kam, im Mai 1588, der Tag der Barrikaden herauf: das Volk von Paris stand wohlverschanzt in Waffen auf den Straßen, an der Spitze die Sechzehn und die Geistlichkeit; so zog man siegreich zum Louvre, „um den Bruder Heinrich zum Profess abzuholen." Der aber war geflohen. Und so geht es weiter, und eine Zeit lang scheint das Volk siegen zu sollen wie in den Niederlanden: im Dezember wird die Bastille, die schon damals das Bollwerk und das Symbol des Absolutismus war, das mitten in das Häusermeer der werktätigen Bevölkerung frech hineingesetzt schien, und ebenso das Arsenal erstürmt, und die Sorbonne geht von der staatsrechtlichen Theorie zur praktischen Anwendung über: sie spricht das Volk von seiner Untertanenpflicht los, und Heinrich III. ist jetzt so vogelfrei und jedem in die Hand gegeben, wie es Languet vor einem Jahrzehnt von den eidbrüchigen Königen Aragoniens berichtet hatte. Und so geschah es, das am 1. August 1589 König Heinrich III. von Jakob Clément, einem jungen Dominikaner, getötet wurde. Fast genau zweihundert Jahre später, am 4. August 1789, nachdem die Revolution der Kommune von Paris, die wiederum in der Erstürmung der Bastille gipfelte – wahrlich nicht zum Zweck der Gefangenenbefreiung, wie noch viele heute meinen, die nachrechnen, wie wenige Gefangene gerade darin waren – sich über das ganze Land verbreitet hatte, schaffte die französische Nationalversammlung alle Feudalrechte ab und verlieh dem Erben Heinrichs III., dem König Ludwig XVI., den Titel „Wiederhersteller der französischen Freiheit". Und nur vier Jahre nachher wurde Ludwig hingerichtet. Richard Treitzschke, der deutsche Übersetzer Languets, hat ein paar Jahre vor 1848 die Revolution einen Mikrokosmos genannt, „vorgebildet zu einer späteren langsamen, aber großartigen Vollendung." Ich eigne mir

das Wort an und meine es anders. Die Revolution ist ein Mikrokosmos: in unglaublich kurzer Zeit, in großartiger Zusammendrängung, weil die Geister der Menschen komprimiert waren und aufspringen, wird die Welt des Möglichen wie ein Fanal, das über die Zeiten flammt, zur Erfüllung gebracht. In der Revolution geht alles unglaublich schnell, so wie im Traume der Schlafenden, die von irdischer Schwere befreit scheinen. Man hat wohl auch noch wachend, in Abendstunden geistiger Arbeit, des Schauens und Phantasierens, der Vorsätze und des Schaffens, oft eine Stimmung, wo einem alles federleicht, ohne Hemmnis, möglich und durchführbar erscheint. Dann kommt der graue Tag, und man begreift nicht mehr, dass man so tapfer, so gläubig, so hoffnungsvoll und so zweifellos gewesen ist. Dieser Tag ist lang und es werden viele Abende kommen, in denen die Erinnerung an den Tag lebt und damit die Verzagtheit, die Unlust, die Trauer und Depression. Bis dann einmal wieder ein Abend uns fast überfällt, wo alles Hemmende vom Dunkel verzehrt und uns Flügel gewachsen scheinen: die Erinnerung an jenen Abend mit seiner innen aufgegangenen glühenden Sonne lebt wieder auf, und wieder ist alles möglich und geboten und muss gelingen. So ist es mit dem Verhältnis der traumhaft schnellen, aber auch kurzen Revolutionen zu den langen und langsamen Zwischenzeiten. So ist es, bis ein Geist kommt, der ein Bleiben im Positiven, im Tage des Lebens hat, und nicht nur ein schimmerndes Nachtbild eines Baues und einer Wirklichkeit ist, nicht nur der Traum eines bloß im Aggressiven und Einreißen lebendigen Geistes, der nach kurzer Aufstachelung wieder in Öde und Gedrücktheit zurücksinkt.

Es ist hier nicht der Raum, das Absteigen und die Niederlage der ersten großen französischen Revolution zu verfolgen. Es kam zu Zwistigkeiten zwischen der Bourgeoisie und dem Volke, das durch die Sechzehn vertreten war; der schlaue König Heinrich IV. richtete seinen Militärdespotismus ein und wußte doch zugleich die Bourgeoisie und die vielen, die noch vorwiegend konfessionell interessiert waren, zu versöhnen. Bald war der Aufruhr nur noch ein unterirdisches Schwelen; die Kommune von Paris verhielt sich noch Jahre lang feindlich; viele Geistliche unterließen es noch lange, das Gebet für den König zu sprechen; aber die geriebene Diplomatie und Bonhomie des Königs, im Verein mit glücklichen

Kriegen, versöhnten ihm einen großen Teil des französischen Volkes. Das Volk, das die Revolution macht, das vom Geiste der Wenigen umfangen ist, das Wunder des Heldentums vollbringt, das groß ist im wilden Fanatismus wie in freundlichsten Taten der Liebe und Schonung, und das Volk, das zurückgeebbt und vom Geiste wieder zu sich gekommen ist, sind zwei ganz verschiedene Dinge; das Volk will panem et circenses; das französische Volk überdies will von seinen Herrschern Siege auf dem Felde der Schlacht und der Liebe sehen. Damit konnte ihnen Heinrich IV. aufwarten, der, wie schon im 18. Jahrhundert spöttisch bemerkt wurde, in mehr als übertragenem Sinn der Vater seines Volkes war. So geschah es ohne Zusammenhang mit einer großen Volksbewegung, aber ohne Zweifel doch noch in Zusammenhang mit der erstickten Revolution, als Franz Ravaillac Heinrich IV. den Weg Heinrichs III. in den Tod gehen ließ.

Gewöhnlich knüpft man die Tat Ravaillacs an die monarchomachischen Lehren des spanischen Jesuiten Mariana an, oder gar auch an die staatsrechtlichen Schriften der Jesuiten Bellarmin und Suarez, die kaum weitergehend und schroffer sind als etwa die bürgerlich-konstitutionellen Staatsrechtstheorien des Bodinus oder Grotius. Wir haben aber gesehen, dass es sich keineswegs um einen speziell jesuitischen Geist handelt, sondern um eine Bewegung, die gleichzeitig unter Protestanten und Katholiken Westeuropas die Köpfe ergreift und die Völker fortreißt. In diese Reihe gehört allerdings auch der Jesuit Mariana mit seinem Buch De Rege et Regis Institutione, das 1598 in Toledo erschien. In dem berühmten 6. Kapitel des ersten Buches geht er ohne Rückhalt oder Bemäntelung von der Tat Cléments aus, die er groß und rühmenswert findet, und setzt dann unerschrocken weiter auseinander, wenn ein König mit Gewalt und ohne Zustimmung der Nation die Souveränität an sich gerissen habe oder wenn er sich in Widerspruch mit dem Willen der Nation setze, perimi a quocunque, vita et principatu spoliari posse. Die Stände sollen es sein, die dem König das Urteil sprechen, aber wenn das irgend nicht angehe: qui votis publicis favens eum perimere tentavit, haud quaquam inique eum fecisse existimabo. Auch da geht er noch ins Einzelne: tapfer sei es, den Tyrannen offen anzugreifen, aber sehr klug sei es, ihn heimlich ins Netz zu bekommen. Solchen Verschwörern, sagt er, bleibt der Ruhm der Heroen, wenn sie am Leben bleiben; sonst fallen sie als Gott und den Menschen wohlgefällige Opfer. Man sieht, die revolutionäre Kriegskunst Marianas unterscheidet sich nur in der glänzenden Trockenheit des Tons von den Lehren anderer, protestantischer Monarchomachen, und es hat keinen anderen Sinn als den törichten Tageskampfes, den Jesuiten zuschieben zu wollen, was eine große, durch die Länder gehende Geistesrichtung war. Dass die Sektierer in England, die Protestanten in den Niederlanden und in Frankreich, und die romanischen Jesuiten die modernen Menschen ihrer Zeit waren, ist zuzugeben, und so kommt es, dass sich auch unter den Jesuiten einer von denen fand, die die Lehren der Monarchomachen auf ihre Spitze trieben und unter ihren Zöglingen (wenn es so war) einer, dem diese Spitze sich zur Dolchspitze wandelte. Jetzt gehen wir sechzig Jahre in der Zeit zurück, um den Mann zu treffen, auf den wir schon öfters hinwiesen, der all dieser Revolution die Verallgemeinerung schuf und die Psychologie und den klassischen Ausdruck. Denn das Genie geht im Zeitalter des Individualismus den Ereignissen voraus, und sein Werk bleibt seiner Zeit unwirksam und wie tot; darum lebt es auch für sehr lange Zeiten, und das Geschäft der praktischen Anwendung der Gedanken müssen andere besorgen, die auch großen und starken Geistes sein können, aber nicht so von visionärer und schaudernder Einsamkeit ergriffen wie sie. Etienne de la Boëtie, der als Dreiunddreißigjähriger starb, hat, wenn wir Montaigne glauben wollen, seine Schrift Discours sur la Servitude Volontaire als Sechzehnjähriger verfaßt; daran zu zweifeln, gibt es triftige Gründe, aber sehr jung jedenfalls und nicht später als 1550; sie kursierte frühzeitig in Abschriften, wurde aber erst bald nach der Bartholomäusnacht, lange nach La Boëties Tod, sehr gegen den Willen des politischen Montaigne von Revolutionären veröffentlicht. Später wurde sie als Anhang zu Montaignes Essays, nebst den ergreifenden Reminiszenzen Montaignes an des jungen Freundes Leben und wundervolles Sterben öfter publiziert.

Etienne de la Boëtie, der in der katholischen Kirche geblieben war und zu Gott ein inniges, aber voltairisch freies Verhältnis gehabt zu haben scheint, steht ganz auf dem Boden, den jene Zeit wie das 18. Jahrhundert Natur und Vernunft genannt hat, worunter sie nichts

anderes verstehen als unbefangenes Insaugefassen der Dinge und Logik; mit einer anderen Wendung kann man's auch Unabhängigkeit und Tapferkeit nennen. Er springt mitten hinein in die Frage, die die Frage seiner Zeit wäre, wenn die Zeit ihr eigenes Problem so tief hätte erfassen können. Woher kommt es, fragt er, dass ein ganzes Volk, ungezählte Massen, sich von einem Einzigen quälen, mißhandeln und zu seinen Ungunsten, gegen seinen Willen leiten läßt? von einem Einzigen, der kein Herkules oder Simson ist, sondern ein armseliges Menschlein, oft der feigste und weibischste der ganzen Nation? Wenn wir der Natur folgten, wären wir gehorsam den Eltern, unterworfen der Vernunft und Niemandes Knecht.
Ob, sagt er, die Vernunft uns eingeboren ist oder nicht, ist den Gelehrten eine Frage; aber das ist sicher, dass die Natur, der Diener Gottes und die Lenkerin der Menschen, die Natur, die immer vernünftig ist, uns alle nach dem gleichen Bilde und als Genossen und Brüder geformt hat; und die Stärkeren und Gewitzteren hat sie nicht darum erschaffen, dass sie die anderen wie Räuber im finstern Walde überfallen sollen, vielmehr wollte sie „der brüderlichen Liebe Raum schaffen, damit sie hat, wo sie sich betätigen kann: die einen haben die Macht, Hilfe zu leisten, und die anderen die Not, sie zu empfangen." Woher kommt nun die ungeheure Macht des Tyrannen? Die kommt nicht von äußerem Zwang gewöhnlicher Art; denn wenn zwei gleich starke Heere einander gegenüberstehen, das eine von der Machtgier getrieben, das andere in Verteidigung seiner Freiheit, dann wird es das Heer der Freiheit sein, das siegt. Nein, seine Macht kommt von der freiwilligen Knechtschaft der Menschen. „Woher nimmt er so viele Augen, euch zu bewachen, wenn ihr sie ihm nicht leiht? Wieso hat er so viele Hände, euch zu treffen, wenn er sie nicht von euch erhält? Woher hat er überhaupt Macht über euch, wenn nicht durch euch selbst? Wie könnte er euch verfolgen, wenn er nicht im Einverständnis mit euch wäre? Was könnte er euch tun, wenn ihr nicht der Hehler des Diebes wäret, der euch beraubt, der Helfer des Mörders, der euch tötet, und Verräter an euch selbst?" Woher aber kommt nun dieses Unglaubliche? Der Freiheitsdrang ist von Natur aus da; und wenn die Tiere Rangstufen und Würden kennten, dann wäre die Freiheit der Adel, den sie verehrten. Die Erklärung ist die: irgendwann einmal, durch Überfall von außen oder durch

List, verlieren die Menschen ihre Freiheit. Dann aber kommen solche, die die Freiheit nie gekannt haben und nicht wissen, wie süß sie ist; die Gewohnheit ist es, die uns das Knechtsein gelehrt hat. Denn die Natur hat in uns weniger Macht als die Gewohnheit: „Das Natürliche mag noch so gut sein, es verliert sich, wenn es nicht erhalten wird; wir werden immer so, wie unsere Nahrung ist, sie mag sein, wie sie will, trotz der Natur." Wie die Obstbäume fremde Früchte tragen, deren Zweige man ihnen aufpfropft, so tragen die Menschen die Unfreiheit. Die Menschen wissen es nicht anders, als dass sie untertänig sind: es ist immer so gewesen, sagen sie. „Sie machen sich selbst, aufgrund der langen Zeit, zum Besitztum derer, die sie unterjochen; aber fürwahr, die Jahre geben niemals ein Recht übel zu tun, sondern sie vergrößern das Unrecht." (Diese Worte wiederhole ich hier, zum Zeichen, dass Languet, der sie ebenso hat, die Schrift gekannt haben muss.) Nun gibt es freilich immer einige, die von Geburt wegen besser beschaffen sind als der große Haufe; das sind die, die von sich selbst aus einen wohlgeratenen Kopf haben und ihn durch Studium und Wissen noch verbessern: die erleben die Freiheit, und wenn sie ganz verloren und aus der Welt wäre, in ihrer Phantasie und spüren sie in ihrem Geiste. Aber sie kennen sich nicht untereinander; die Freiheit des Sprechens und Handelns ist ihnen geraubt; sie bleiben einsam in ihrer geistigen Welt. Ein weiterer Grund für die Möglichkeit der Dauer der Knechtschaft ist, dass sie die Menschen entnervt und verweichlicht; und die Tyrannen haben immer ihr Mögliches getan, die Unzucht, Tändelei, Verspieltheit und Gefräßigkeit zu unterstützen und die Unmännlichkeit im Volke zu fördern. Drittens endlich: das Königtum hat sich die Religion zu Nutze gemacht und sich mit den Priestern verbündet: die Krone wurde mit Wundern umgeben, und der König mit dem Schein der Heiligkeit und Göttlichkeit. „Immer hat sich das Volk selbst die Lügen gemacht, die es nachher geglaubt hat." Viertens aber: zwischen dem König und dem Volk hat sich eine Hierarchie eingenistet, die sich an beiden und untereinander bereichern wollen, und so kommt es schließlich beinahe dahin, dass die Tyrannei fast ebenso vielen Menschen Gewinn bringt, als die Freiheit erfreulich ist. Hier folgt nun eine entzückende Psychologie des Höflings. Der König, sagt er, kann einem Leid tun, dass er von solchen

Menschen umgeben ist, aber auch mit ihnen muss man Mitleid haben, dass diese von Gott und den Menschen Verlassenen sich so behandeln lassen müssen. Der Bauer und der Handwerker sind zwar geknechtet, aber sie brauchen doch nur tun, was man ihnen heißt; aber das genügt nicht beim Höfling; „sie müssen denken, was Er will, und oft müssen sie, Ihm zu Gefallen, seinen Gedanken zuvorkommen. Es ist nicht genug, dass sie ihm gehorchen, sie müssen ihm ganz zu Gefallen sein; sie müssen sich in seinen Diensten zerbrechen und kaputtmachen, und dann sollen sie sich noch bei seinem Vergnügen amüsieren, ihren Geschmack für seinen aufgeben, ihre Natur und ihre Konstitution ändern; sie müssen auf seine Worte aufpassen, auf den Klang seiner Stimme, seine Gebärden und Mienen; Augen, Füße und Hände, alles muss auf dem Sprunge sein, um seinen Willen zu erhaschen und seine Gedanken zu entdecken. Ist das ein glückliches Leben? Heißt das leben? Gibt es auf der Welt etwas Unerträglicheres als das, ich sage nicht, für einen Menschen höherer Art, nur für einen mit gesundem Verstand, oder noch weniger: für einen, der Menschenantlitz trägt? Welche Lage ist kläglicher als diese: in nichts sich selbst zu gehören, von einem anderen seine Wohlfahrt, seine Freiheit, Leib und Leben zu nehmen?"

Aber auch der König ist übel genug dran. Er kann nicht lieben und nicht geliebt sein. Nur unter guten Menschen gibt es Liebe und Freundschaft. „Wo Grausamkeit, wo Unehrlichkeit, wo Ungerechtigkeit ist, kann keine Freundschaft sein." „Entre les meschants quand ils s'assemblent, c'est un complot, non pas compaignie; ils ne s'entre tiennent pas, mais ils s'entre craignent; ils ne sont pas amys, mais ils sont complices."

Was ist nun dagegen zu tun, fragt La Boëtie, gegen diese ungeheure Verknechtung, die über die Menschen gekommen ist? gegen dieses Unglück, das ein Unglück für alle ist, für den König, für die Höflinge und Staatsdiener, für die Denker und für das ganze Volk? Hier müßte man eine Pause machen, damit dem Leser alle die Antworten einfallen, die die von uns schon genannten Monarchomachen, die die Staatsrechtslehrer und Politiker, Bodinus, Grotius, Althusius[48], Locke, Hume und wie viele noch geben; die wir bei

---

48 Johannes Althusius (1557-1638), Rechts- und Staatslehrer des Calvinismus.

der Betrachtung der weiteren Revolution etwa noch kennen lernen, und alle die Rezepte, die heute in den und jenen Ländern im Schwange sind.

Aber Etienne de La Boëtie hat das Wort: es ist nichts nötig, sagt er, als der Wunsch und der Wille, frei zu sein. Eine freiwillige Knechtschaft ist es. Fast scheint es, sagt er, als ob die Menschen das schöne Gut der Freiheit verschmähten, weil es zu leicht ist. „Seid entschlossen, keine Knechte mehr zu sein, und ihr seid frei. Ich will nicht, dass ihr den Tyrannen verjagt oder ihn vom Throne werfet; stützt ihn nur nicht; und ihr sollt sehen, wie er, wie ein riesiger Koloß, dem man die Unterlage nimmt, in seiner eigenen Schwere zusammenbricht und zertrümmert." Ein Feuer kann man durch Wasser löschen; aber man hüte sich vor den Verschwörungen der Ehrsüchtigen, die den Tyrannen verjagen oder töten, die Tyrannei aber bewahren und fortpflanzen; sie mißbrauchen den heiligen Namen der Freiheit. Ganz selten sind die keuschen Helden, wie Harmodios[49], Aristogiton, Thrasybul[50], Brutus der Ältere, die ihr Vaterland befreien und ihm die Freiheit lassen. Wohl haben Brutus und Cassius, als sie Caesar umbrachten, der der gefährlichste Tyrann war, weil er nicht gemein und brutal war, sondern menschlich und milde und doch Gesetz und Freiheit geraubt hat, die Freiheit vorübergehend hergestellt, aber sie starb wieder mit ihnen. Die Tyrannei ist nicht ein Feuer, das man löschen muss, das man löschen kann, weil sie nicht ein Übel draußen ist, sondern ein Mangel im Innern. Nicht Wasser müssen die Menschen ins Feuer spritzen, sondern sie müssen das, wovon das Feuer sich nährt, für sich behalten: sie müssen ihm die Nahrung entziehen. „Es tut nicht not, den Tyrannen zu bekämpfen, es ist nicht not, sich gegen ihn zu wehren; er schlägt sich selbst. Nur darf das Land sich nicht in die Knechtschaft fügen; es braucht

---

49 Harmodios, griechischer Verschwörer, der gemeinsam mit Aristogiton 514 v. u. Zt. den athenischen Tyrannen Hipparch, Sohn des Tyrannen Peisistratos, erdolchte. Hipparch war zusammen mit seinem Bruder Hippias Tyrann von Athen (527-514 v. u. Zt.).

50 Thrasybul(os), athenischer Feldherr und Politiker, verstarb 388 v. u. Zt., wandte sich 411 v. u. Zt. als Flottenbefehlshaber gegen den oligarchischen Umsturz in Athen; verteidigte die Demokratie und brach 404/403 die Despotie der „Dreißig Tyrannen".

ihm nichts nehmen, aber es darf ihm nichts geben; es tut nicht not, dass das Land sich damit quält, etwas für sich zu tun; es darf sich nur nicht damit quälen, etwas gegen sich zu tun ... Wenn man den Tyrannen nichts mehr gibt und ihnen nicht mehr gehorcht, dann stehen sie ohne Kampf und ohne Schlag nackt und entblößt da und sind nichts mehr; wie eine Wurzel, die keine Feuchtigkeit und Nahrung mehr findet, ein trockenes, totes Stück Holz wird."
Mit einiger Ausführlichkeit ist der Inhalt dieser in Deutschland fast unbekannten (in Frankreich erst seit Lamennais[51] wieder bekannter gewordenen) Schrift wiedergegeben worden, zunächst aus dem Grund, weil das, was zur sozialen Psychologie der Revolution und der Zustände, die sie herbeiführten, zu sagen ist, besser von dem gesagt wird, der es zuerst ausgesprochen hat, als von einem späten Betrachter; dann aber, weil von sehr vielen sehr berühmten Revolutionären späterer, bekannterer Revolutionsbewegungen nun kaum mehr gesprochen werden muss, weil sie entweder trotz allem Feuer und Elan weit hinter La Boëtie zurückgeblieben oder höchstens eine Wiederholung seiner Stimmung und seiner Gedanken waren. Denn der Kampf der Revolution ging noch sehr lange Zeit gegen den oder die Tyrannen; und auch für die Zeiten, die mehr kommen als sie schon da waren: wo es weniger Personen unschädlich zu machen gilt als eine Institution, nämlich den eben auf dem Wege der Revolution herbeigeführten absoluten Staat, braucht man nur wenige Worte bei Boëtie zu verändern, wenn man die Stimmung und die leitenden Gedanken dieser neuen Revolution aus dem Mund eines Revolutionärs kennen lernen und studieren will. Schließlich aber ist zu sagen: sind die Revolutionen zusammenfassende und vorausgehende, auch immer wiederkehrende Mikrokosmen, so ist dieser Essay der Mikrokosmos der Revolution. Er repräsentiert den Geist, von dem wir sagen, dass er Geist ist nur in der Negation, dass er aber in der Negation Geist ist: die Ahnung und der noch nicht auszusprechende Ausdruck des Positiven, das heraufkommt. Dieser Essay verkündigt, was in anderen Sprachen später Godwin und Stirner und Proudhon und Bakunin und Tolstoj sagen werden: In euch sitzt es, es ist nicht

---

51 Hugues de Lamennais (1782-1854), französischer Theologe, trat für die Trennung von Staat und Kirche ein.

draußen; ihr selbst seid es; die Menschen sollten nicht durch Herrschaft gebunden sein, sondern als Brüder verbunden. Ohne Herrschaft; An-archie. Aber das Bewusstsein fehlt oder ist kümmerlich entwickelt, dass es heißen muss: Nicht durch Herrschaft, sondern –. Wohl ist die Negation dieser empörten Naturen erfüllt von Liebe, die Kraft ist, aber doch nur in dem Sinne, wie Bakunin es prachtvoll gesagt hat: Die Lust des Zerstörens ist eine schaffende Lust. Wohl wissen sie, dass die Menschen Brüder sind; aber sie glauben, sie seien es schon wieder, wenn die Hemmnisse und Gewalten entfernt sind. In Wahrheit sind sie es nur während der Zeit, in der sie die Hemmnisse und Gewalten bekämpfen und heben. In Wahrheit lebt der Geist nur in der Revolution; aber er kommt nicht zum Leben durch die Revolution, er lebt nach ihr schon wieder nicht mehr. Sie werden sagen wollen: ja, wenn die Revolution einmal ganz siegreich sein wird; wenn nicht mehr das Alte, eben Bekämpfte sich wieder aufrichtet. Das ist so, wie wenn einer klagen wollte: wenn ich meine Träume festhalten und in Erinnerung und bewusstem Schaffen starr machen und gestalten könnte, wäre ich der größte Dichter. Es liegt in der Tatsächlichkeit und so im Begriff der Revolution, dass sie wie ein Gesundfieber zwischen zwei Siechtümern ist; ginge nicht die Mattigkeit voraus und folgte nicht die Ermattung, so wäre sie gar nicht. Ganz etwas anderes, oder: noch etwas anderes dazu als Revolution ist nötig, damit ein Bleiben und ein ganzes, bleibendes Weitergehen über die Gestaltungen der Menschen kommt. Denn wir wissen jetzt, wie das Wort weiter zu sprechen ist: Nicht durch Herrschaft, sondern durch Geist; aber es ist noch nicht viel damit getan, dass wir den Geist rufen; er muss über uns kommen. Und er muss ein Gewand und eine Gestalt haben; er hört nicht auf den bloßen Namen Geist; und niemand lebt, der sagen kann, wie er heißt und was er ist. Diese Erwartung ist es, die uns ausharren läßt in unserem Übergang und Weitergang; dieses Nichtwissen ist es, das uns der Idee folgen heißt. Denn was wären uns Ideen, wenn wir ein Leben hätten?

In der englischen Revolution, die den Abschluß dieser ersten Periode der europäischen Staatsrevolution bildet, fand der Geist durchaus keinen Fortschritt und keine Vertiefung. Die Independenten, Rationalisten und Leveller, deren Hauptsprecher der mehr grobe als starke und mehr rabulistischpedantische als feine John

Milton[52], und deren letzter Ausläufer Algernon Sidney[53] mit seinen trotz aller Schärfe gelehrtenhaft langweiligen Discourses concerning Government war, fügten den Argumenten der Monarchornachen durchaus nichts Neues hinzu, schlossen sich sklavisch an sie an und begannen, die frische Tatkraft neuen Blickes und lebensvollster Impetuosität jener frühen Aggressiven in eine Art neue Scholastik umzuwandeln. Die Logik ist scharf und treffend bei ihnen, aber sie übt sich nur immer an dem alten Stoff der Literatur, den biblischen und römischen Beispielen und dreht sich immer im selben Kreise der bloßen Staatsform, zieht aber keinerlei Dinge, die neu sind, in die Betrachtung. Die Lust zum Wirklichen ist schnell erlahmt; es ist keine Rede davon, dass der Konflikt bis in die Gründe des Menschenherzens verfolgt werde, und umgekehrt wird wieder das Menschenherz und die sogenannte Schlechtigkeit angegriffen, wo es sich nur um großen Zusammenprall von Mächten zu handeln brauchte. Und es ist erschreckend, was die äußere Welt angeht, wie alle sozialen und wirtschaftlichen Beziehungen, alles wirkliche Leben und alle Bedürfnisse der Menschen diesen Republikpolitikern völlig entgehen. Es ist ganz so, wie Milton zum Lob dieser Revolutionäre sagt: „Keine Täuschungen des Ruhms, kein ausschreitender Wetteifer mit den Alten entflammte sie mit einem Durste nach idealer Freiheit, sondern die Redlichkeit ihres Lebens und die Nüchternheit ihrer Gewohnheiten lehrten sie den allein wahren und sicheren Weg zur realen Freiheit." Dieser sichere Weg führte sie denn auch über die Hinrichtung Karls I. und die Republik genannte Militärdiktatur Cromwells[54] zu dem Ziel, das die Scholastiker und bürgerlichen

---

52 John Milton (1608-1674), englischer Dichter, Gegner der Staatskirche, Republikaner.

53 Algernon Sidney (1622-1683), liberaler englischer Politiker, Mitglied des Parlamentsheeres während des englischen Bürgerkriegs, danach Gegner Oliver Cromwells, 1683 wegen seiner antimonarchistischen Haltung hingerichtet.

54 Oliver Cromwell (1599-1658), Protektor der vereinigten Republiken England, Schottland und Irland, diente sich nach Ausbruch des Bürgerkriegs zwischen König Karl I. und dem Parlament im Parlamentsheer empor. Bemächtigte sich 1647 König Karls I., der 1649 auf Drängen des Parlaments hingerichtet wurde. 1653 erhielt Cromwell als „Lord-Protektor" die oberste Staatsgewalt.

Staatsrechtslehrer des Kontinents schon gepriesen hatten, das übrigens auch in der ganzen mittelalterlichen Entwicklung Englands schon vorbereitet war: zur konstitutionellen Monarchie und der Bill of Rights, und damit zur wirtschaftlichen Freiheit, zum Aufblühen des britischen Handels und der Industrie und zu den grauenhaftesten sozialen Zuständen und unerhörtem Pauperismus. Das Clearing of Estates, das Bauernlegen, die Verödung des Landes, der Ersatz der Ackerwirtschaft durch Jagdgründe und Weideland verwüstete das englische Land mindestens ebenso sehr als es in Deutschland der Dreißigjährige Krieg besorgte.

Mit ungeheurer Spannung hatte man auf dem Kontinent die Ereignisse in England verfolgt, und als Karl enthauptet wurde, ging es wie ein Beben durch die Länder. Aber sie waren alle mit dem Kriege, mit der Arrondierung ihrer Länder und der Konstituierung der Nationalstaaten beschäftigt, und der ungeheure Blutverlust und die Verwüstung der Dörfer und Acker hatte die Völker erschöpft. Zudem war die Geistlosigkeit, die Zusammenhanglosigkeit des Volkes, zumal in Deutschland, und die Kluft zwischen den französelnden Höflingen und Gebildeten und den ungebildeten Schichten immer tiefer geworden. So blieb es bei literarischen Niederschlägen: während die einen immer noch fortfuhren, in rührsamen Versen Gott um den Frieden zu bitten oder in matten Witzreimen die Alamoderei zu züchtigen, schrieb Grimmelshausen[55] seine prachtvoll realistische Schilderung deutscher Verkommenheit und ziselierte Logau[56] seine bösartigen Sinngedichte:

„König Karl von Engelland / Ward der Krone quitt erkannt: / Dass er dürfe keiner Krone, / Machten sie ihn Kopfes ohne."

Um diese Zeit aber der wilden Kämpfe, zwischen den Staaten auf dem Kontinent, zwischen Volk und Fürst in England, lebte wieder einer, dem es wohler tat, mit den Augen vorwärts zu leben als mit Füßen und Händen, und der mehr mit den Sinnen ein Bleiben

---

55 Hans Jakob Christoffel von Grimmelshausen (1622-1676), Erzähler der Barockzeit, Hauptwerk: „Der abenteuerliche Simplicissimus" (1668).

56 Friedrich Logau, Frhr. von, Pseudonym: Salomon von Golaw (1604-1655), setzte sich kritisch-satirisch mit der zeitgenössischen Wirklichkeit auseinander, prägte kulturkritische, patriotische und fromme Reimsprüche, kämpfte dabei gegen Intoleranz und Sprachverhunzung.

und eine Ruhe schauen als mit den Werken der Sinne Unruhe tun wollte. Der Mann lebte in Neapel in einem Gefängnis, weil er Unruhe und Empörung gestiftet hatte, und freilich, wenn ein Mann der Ruhe des Geistes es nicht lassen kann, in die Wirren des Tages hineinzuhandeln, wird er ein Empörer sein müssen. Denn ein Philosoph und Dichter dazu war er, der Dominikaner Thomas Campanella, der sich die Glocke nannte. Der sah nun in die Zeiten hinein und erzählte in dürren und trockenen, fast lieblosen Worten seine Utopie von der Sonnenstadt. Als Philosoph steht der Mann auf der Grenze zwischen dem mit mystischer Gewalt alles umfassenden Dämonismus, der sich an den Universalismus des ausgehenden Mittelalters, vor allem des Nicolaus Cusanus anschließt, und den Detaillisten und Psychologen vom Schlage Gassendis und Lockes. In seiner Politik aber lebt nichts mehr von den liebevollen Selbstverständlichkeiten der christlichen Tradition und den magischen Bezwingergewalten der Renaissance, in nackter Kahlheit herrscht die Vernunft, das Naturrecht und das Staatsprinzip. So ist das, was er als Kommendes vor sich sieht, vollendeter Staatskommunismus: die unendlich vielen Relativitäten, Verbindungen, variiertesten Genossenschaften aus der Zeit der Schichtung haben gar kein Leben mehr für ihn, und sogar vom Individualismus gewahrt er nur die ungeheuren Schädlichkeiten: so hat in seinem utopischen System der Staat alles in sich hineingefressen, Liebe, Familie, Eigentum, Kindererziehung und Religion. Der absolute demokratische Staat ist es, den Campanella voraussieht, der Staat, in dem es keine Gesellschaft und keine Gesellschaften mehr gibt und den man darum sozialdemokratisch nennt. Campanella, dieser grauenhaft Vereinsamte, hat die Welt mit der Liebe, aus der der Geist des Denkers heraus, zu der er hinaufwächst, umfangen; in dem, was er als Mitleben der Menschen um sich und vor sich sah, lebte nichts mehr von Liebe: um ihn war die Gewalt der Unvernunft, vor sich in den Zeiten sah er die Gewalt der Vernunft. Er starb und wurde begraben zu Paris im Kloster der Dominikaner, die in Frankreich Jakobiner hießen; und ein seltsames Zusammentreffen ist es, dass die Männer, die in der großen Französischen Revolution die Kinder und wieder Väter des Geistes sind, den er als erster zu Wort gebracht hat, sich in diesem selben Kloster versammelten und von ihm ihren Namen führen.

In all den Revolutionen des 16. und 17. Jahrhunderts war es zwar der Geist der Republik, der die Führung hatte, aber der Kampf ging überall noch zum großem Teil zusammen mit dem Streit zwischen den Konfessionen, und oft überwog die Forderung der Gewissensfreiheit die der politischen Freiheit, oder wo es den Aufrührern nicht sowohl um Freiheit wie um Herrschaft ging, war immer ein Kampf zur Unterdrückung der einen oder der anderen religiösen Gemeinschaft dabei. Jetzt aber, im Schlußjahr des konfessionell gefärbten dreißigjährigen Staatskrieges begannen in Frankreich die revolutionär-kriegerischen Zeitläufte, die man gewöhnlich die Fronde nennt und die am Tag des Abschlusses des Westfälischen Friedens Frankreich die Proklamation der ersten Skizze einer Konstitution, einer Magna Charta der Bürgerrechte und der Unabhängigkeit des Parlaments brachte. Diese Revolution war zwar noch unlöslich mit Kämpfen der Feudalherren und Fürsten untereinander verquickt; aber die religiösen Dinge blieben zum erstenmal völlig aus dem Spiel, und mehr noch als in England trat die Bourgeoisie, die Steuerpolitik und das Selbstgefühl der Städter hervor. In ihrem Beginn ist die Fronde gegen die Königin-Regentin und Mazarin[57] gar sehr wiederum ein Vorspiel und fast eine Vorübung des Volkes und der führenden Kräfte zur Revolution des 18. Jahrhunderts. Auch die Fronde richtet sich, wie wir es gleich als charakteristisch für die modernen Bewegungen sehen wollen, in ihrem Beginn weniger gegen die Person des Tyrannenkönigs als gegen die schlechte Staatsverwaltung und den Minister; und auch hier war es ein Erfolg der Monarchostultitia, der dummen und den Mund nicht zügelnden Königin, dass sie, wie der kluge Kardinal von Retz sagt, „levait le voile, qui doit toujours couvrir tout ce que l'on peut croire du droit des peuples et de celui des rois, qui ne s'accordent jamais si bien ensemble que dans le silence." Bald vereinigten sich die verschiedenen Ab-

---

[57] Jules Mazarin (1602-1661), Kardinal, französischer Staatsmann, in Diensten Kardinal Richelieus, wurde 1643 dessen Nachfolger.

teilungen des Pariser Parlaments zu einem Generalparlament und einer Art Konstituante, die sich die Beratung „de la réforrnation de l'Etat, de la mauvaise administration des finances, de la dilapidation des courtisans" zur Aufgabe machte. Wir erleben es jetzt wieder an den Vorgängen in Rußland, wie lächerlich und wie tragisch die immer wiederkehrende Staatsrevolution, die kämpfenden und die bekämpften Gewalten sich gleich bleiben. Auch einen Vorspuk des berühmten Schwurs im Ballhaus hat die Revolution von 1648 gehabt. Auf die wiederholten gröblichen Verbote der Königin an das Gesamtparlament, sich noch ferner in der Salle de St. Louis zusammenzufinden, antwortete es, „que cependant et nonobstant toutes défenses les assemblées de la Chambre de St. Louis seraient continuées". Und so kam denn – am 26. August 1648 – wieder der Tag der Barrikaden für Paris: 100.000 Pariser standen bewaffnet auf nahezu 2.000 Barrikaden, die in unglaublich kurzer Zeit in hoher technischer Vollendung errichtet worden waren, und die Königlichen waren für die nächste Zeit völlig besiegt und eingeschüchtert; die Königin, Mazarin und der ganze Hof flohen. Es kam nun zum Krieg zwischen Paris und den Königlichen, aber im Lauf der Ereignisse, ähnlich wie es in England gewesen war, wie es auch das Ende der Französischen Revolution des 18. Jahrhunderts werden sollte, übernahm die Soldateska den Kampf an Stelle des machtlos und uneinig werdenden Bürgertums, und es war bald nicht mehr der Kampf der Revolution und des Parlaments, sondern der Krieg des Prinzen von Condé. Auch zeigte sich hier schon der Gegensatz zwischen Bürgerturn und Großstadtproletariat, und wie schnell der revolutionäre citoyen wieder zum friedliebenden bourgeois wird, sowie die Gegensätze des Besitzes auftauchen und immer auch, wenn an die Stelle des improvisierten Begeisterungskampfes von Stunden die soldatisch handwerksmäßige Kriegsführung von Monaten oder Jahren tritt. Wohl kam es noch einmal gegen Ende der Kämpfe zu einer Wiederbelebung der revolutionären Kraft: es entstand eine Bewegung, die sich in gleicher Weise gegen Condé wie gegen die Königlichen wandte, die sämtliche Parlamente und vor allem die Städte des Landes zu einem großen Bunde zusammenschließen wollte und ausgesprochen föderalistisch-republikanisch war. „L'union des grandes villes", sagt der Kardinal von Retz, der selbst an ihr beteiligt war, „en l'humeur où elles étaient, pouvait avoir des suites fâcheuses et faisait courir des dangers à la monarchie. Beaucoup de gens à cette époque voulaient faire de la France une république, et y éteindre l'autorité royale." Aber die Kraft reichte nicht mehr, und dieses Vorspiel der modernen Staatsrevolution mündete durchaus nicht in die Republik, sondern in die Regierung Ludwigs XIV.

Es ist dieser unserer Übergangszeit eigen, dass sie mit nichts wirklich fertig wird, dass immer alles geistig Tote leiblich wieder aufersteht, und dass dieselben Kämpfe immer wieder geführt werden müssen. Der Absolutismus ist wieder auferstanden und hat sich entweder in ziemlicher Reinheit erhalten oder seine Kompromisse mit der Demokratie geschlossen; und sogar der Kirchenstreit und der Kampf um die Gewissensfreiheit ist heute noch da. Es ist dieser Zeit nicht möglich, etwas ein für alle Mal umzubringen oder festzustellen; und wenn einer einen Kodex des Feststehenden etwa für die Philosophie und die Wissenschaften und die Praxis des Lebens verfassen und nur das darin aufnehmen wollte, worüber alle einig sind, auch wenn er sich auf das beschränken wollte, dessen Nichtexistenz und Nichtmöglichkeit feststeht, wenn er also gar nichts Positives behaupten wollte: sein Kodex wäre auch heute noch ein leeres Blatt Papier. Eine solche Einigkeit und Einverständnis herrscht aber in den Zeiten der Revolution; da bemächtigt sich der Menschen eine grenzenlose Verwunderung über das Durcheinander, über die Koexistenz des Heterogenen in der unmittelbar vorhergehenden Zeit, so wie sie etwa Chamfort[58] im Anfang der Französischen Revolution im Hinblick auf die Zeiten nach dem Wirken der Enzyklopädisten, Rousseaus und Voltaires zum Ausdruck brachte. Bei seinen folgenden Worten ist es sehr typisch und kennzeichnend, dass er ganz historisch „Damals" sagt, wo es sich nur um die Spanne von wenigen Jahren handelt; die Zeiten vor der Revolution sind ihm - im Jahre 1791 - wie etwas längst Vergangenes entrückt; und in den zwei Jahren Revolution, die er bei Niederschrift seiner prächtigen Berichte hinter sich gebracht hat, ist so wundervoll viel zusammengepresst, das Leben ist

---

58 Sébastien Nicolas Roch Chamfort (1741-1794), französischer Revolutionsdichter, schrieb Satiren.

in diesen Zeiten der Revolution so geschwellt und drängend voll, dass die Monate schon wie Jahrzehnte sind und all diese Menschen sich selbst geschichtlich erleben. Selbst bescheidene Menschen werden über ihre Grenzen gehoben; und nur durch diese Erfülltheit geradezu der Minuten sind die Menschen der Schreckenszeiten zu erklären, mit welcher Todesverachtung sie lachend oder gelassen in den Tod gehen und mit großer Gebärde in den Tod schicken. Chamfort also, der mitten in der Revolution stehende Historiker seiner Tageserlebnisse, sagt über die vorhergehende Zeit: „Damals bot Frankreich ein sonderbares Schauspiel ... alles war Gegensatz und Widerspruch in diesem Kampf des neuen Lichtes und der alten Irrtümer ... Man sah, wie sich in der Nation zwei verschiedene Nationen mit der Enzyklopädie und mit Beichtzetteln, mit der politischen Ökonornie und mit jansenistischen Wundern, mit dem Emile und einem bischöflichen Mandat, mit einem königlichen Parlament und dem Contrat social, mit vertriebenen Jesuiten, fortgejagten Parlamenten und verfolgten Philosophen beschäftigten. Durch dieses Chaos hindurch schritt die Nation den Ideen zu, die eine freie Verfassung herbeiführen sollten." Es ist sonst so, wir haben es bereits gesehen, dass die Revolution, wenn sie wieder ausbricht, sich all ihrer Vorfahren, der früheren Revolutionen erinnert und sich zu ihrem Kinde macht. Nur die französische Revolution des 16. Jahrhunderts ist im achtzehnten völlig vergessen und musste erst wieder in unserer Zeit ausgegraben werden. Das kommt daher, dass inzwischen bei den Geistigen, vor allem in Frankreich, sich die Wendung vom Christentum weg vollzogen hatte und man die Formen, in denen man im 16. Jahrhundert um Freiheit und Verfassung gekämpft hatte, nicht mehr verstand. Wenn Chamfort wiederkäme, fände er, dass die freie Verfassung, die die Revolution im 16. und 17. Jahrhundert erstrebt, im achtzehnten erkämpft hat, noch oder wieder da ist, das Chaos in der geistigen Verfassung und den Zuständen aber auch.

Die zweite Epoche der Staatsrevolution, die, von dem Vorspiel der Fronde abgesehen, aus dem amerikanischen Unabhängigkeitskrieg, der Französischen Revolution des 18. Jahrhunderts und dem, was sich im 19. Jahrhundert in allen Ländern an sie anschloß, besteht, hat also immer noch den alten Kampf zu führen: gegen den Absolutismus und die Willkür, für den Verfassungsstaat und das Gesetz. Aber mancherlei Änderung ist doch zu bemerken. Der Kampf geht nicht mehr so ausschließlich gegen den König, und weniger gegen Brutalität und Willkür, als gegen die Unfähigkeit und Kleinheit seiner Diener. Der Monarch wird lange Zeit, am Ende des 18. Jahrhunderts und ebenso wieder um die Mitte des neunzehnten, wie etwas mehr Gleichgültiges, minder Wichtiges oder Hinzunehmendes aus dem Spiel gelassen; man kämpft mehr um die Sachen als um die Formen oder Personen; das zu Bekämpfende ist nicht mehr in der Einheit eines Hauptes, das Erstrebte nicht mehr in der Einheit eines Begriffs gesammelt; an die Stelle der Einfachheit ist die vielfache Verzweigtheit und Kompliziertheit getreten; auch die Revolution hat sich spezialisiert. Der König muss schon ganz besonders schwere Fehler begehen, um das Interesse auf seine Person zu konzentrieren und den Republikanismus zu entfachen. Es handelt sich in diesen Revolutionen, so wuchtig ihr Geist in die Erscheinung tritt, doch nur um eine Zwischenrevolution: nicht mehr so ausschließlich gegen den absoluten König und noch nicht gegen die neue Einheit und Zusammenfassung: den absoluten Staat. Es handelt sich vielmehr um einen Kampf für den absoluten Staat, seine Weiterausbildung und Demokratisierung. Mehr als gegen den König geht der Kampf gegen die Stände, auf die sich das Königtum stützt: den Klerus und den Adel, und damit gegen die Ständeverfassung, die in den früheren Revolutionen gerade oft die Grundlage der Republik sein sollte. Die Entwicklung des Handels und der Manufakturen hat inzwischen das Bürgertum stark gemacht; der dritte Stand will die Atomisierung und den Individualismus vervollständigen; es sind Reste aus der Zeit der Schichtung und der Bünde da, die zu Privilegien ausgeartet oder sonstwie schädlich und im Wege sind: die Ständeverfassung wird zersprengt, die Zünfte aufgehoben, die Gemeindeländereien - wohlerhaltene Reste alten Gemeinbesitzes - verteilt, die Berufsassoziationen aufgelöst und verboten. Denn nicht bloß im Gewissen soll der Bürger frei und unbehindert sein, nicht bloß am Staate soll jeder in gleicher Weise mitwirken und vom Staate in gleicher Weise behandelt werden; es gibt in diesen Zeiten neben der Losung Freiheit und Gleichheit auch die Losung, die diesen Menschen fast als dasselbe klingt: Freiheit und

Eigentum. Der Staat soll durch seine Gesetze, durch die Unabhängigkeit seiner Gerichte, durch die Rechtsgarantien und Sicherungen, die Trennung von Legislative und Exekutive die absolute Freiheit des Handels und der Unternehmungen sichern; es soll nur Bürger geben und Staat; aber keinerlei Vereinigungen außerhalb des Staates sollen geduldet werden; und auch der Staat hat sich in die Freiheit des Eigentums nicht einzumischen. Auf diese Weise glaubte man am besten das Wohlergehen der Bürger, der Selbstständigen wie der Abhängigen, und das Nationalvermögen zu heben.

Es war inzwischen nämlich, so wie früher im Anschluß an die republikanische Bewegung sich die neuen Disziplinen des Staatsrechts und Völkerrechts entwickelt hatten, mit der Konsolidierung der Nationalstaaten nach außen und innen eine neue Wissenschaft, besser zu sagen: ein neuer Zweig der Publizistik entstanden: die politische oder Nationalökonomie. Ursprünglich glaubte man – schon die Namen sagen es – nur eine weitere Ausbildung der Staatslehre zu betreiben; wie der ordentliche Privatmann sich Rechenschaft über Einnahmen und Ausgaben gibt, wie der Kaufmann Buch führt, so sollte auch der Staat Ordnung in seiner Wirtschaft haben. Die ökonomische Bewegung ist zunächst in ihrer Entstehung eine Fortführung des republikanischen Kampfes gegen den am Luthertum erstarkten fürstlichen Absolutismus auf einem besonderen Gebiet. Für den absoluten Fürsten gab es kein Auseinanderhalten von Staatsvermögen und Privatbesitz; es war alles des Königs, und auch die Privatvermögen und Liegenschaften betrachtete der rechte König theoretisch und im Falle des Streites praktisch als sein eigen; er war der Landesherr. Die späteren Republikaner und Ökonomisten haben erst den modernen Begriff des Staates eingeführt; war der Staat für die ersten Republikaner noch identisch mit den états, d.h. den Ständen, so war er jetzt der Etat, d.h. eine geordnete Verwaltung eines unpersönlichen Wesens mit Einnahmen und Ausgaben. Bald aber merkte man, dass es nicht bloß eine Steuer- und Ausgabenbilanz, sondern auch eine Handelsbilanz, eine Statistik der Einfuhr und Ausfuhr, dass es außer dem Staatsvermögen auch ein Nationalvermögen gäbe. Da war zum erstenmal wieder eine Nation, ein Volk, eine Zusammengehörigkeit entdeckt, die nicht Staat war und doch keineswegs bloß eine Summe von Individuen und individuellen Errungenschaften. Denn man entdeckte, dass die Entstehung und der Verbleib der Güter, von der Gewinnung der Rohprodukte bis zum Verbrauch der fertigen Waren, und ihr Austausch gegen Geld und Kredit, und die mannigfachen Formen der Schuldverhältnisse, Kauf- und Gründungsgeschäfte etwas sei, was sich der Beschreibung und Ordnung in allgemeinen Sätzen und zusammenfassenden Begriffen zugänglich zeigte. Ohne es zu wissen – man weiß es heute noch nicht – hatte man die zweite große Entdeckung dieser Zeiten gemacht. Die erste stammt von La Boëtie: wahrscheinlich nicht er selbst, sondern die ersten revolutionären Herausgeber der Schrift haben dafür den glücklichen Namen le Contr'un gefunden. Le Contr'un, der Nichteine, ist das Volk von Einzelnen mit souveränem Individualgefühl, die dem Einen die Gefolgschaft kündigen und sich so aus der Verknechtung erheben. Diese zweite Entdeckung nenne man: den Nichtstaat, le Contr'Etat. Man hatte angefangen zu finden, dass es neben dem Staat eine Gemeinschaft gibt, nicht eine Summe isolierter Individualatome, sondern eine organische Zusammengehörigkeit, die sich aus vielfachen Gruppen wie zu einer Wölbung dehnen will. Man weiß noch immer nichts oder nicht viel von diesem überindividuellen Gebilde, die mit dem Geiste schwanger geht: aber eines Tages wird man wissen, dass der Sozialismus nicht eine Erfindung von Neuem, sondern eine Entdeckung von Vorhandenem und Gewachsenem ist. Und dann, wenn man die rechten Bausteine entdeckt hat, werden auch die Baumeister da sein.

Wir sagen also: mit der weiteren Ausbildung dieser neuen Kenntnisse und dieser neuen Erkenntnis entwickeln sich zwei Strömungen: die eine geht dahin, diese Gebiete des Wirtschaftslebens, die man bis dahin hatte laufen lassen, wie sie wollten, mit in den Staat einzubeziehen. Für die andere war diese Erkenntnis: die Entdeckung der Gesellschaft. Es gab neben dem Staat und den Einzelnen, wimmelnden Individuen noch ein Drittes: die Gesellschaft, die ihre eigenen Formen des Mitlebens hat. Verbindender Geist nämlich – wir sagen gleich noch etwas davon – kommt erst, wenn die Gebilde da sind, aus denen er heraus leben und die er erfüllen und gestalten kann; früher aber als dieser verbindende Geist und sogar als die Gestalten des Bundes ist der intuitive, theoretisch gestaltende Geist der Wissenschaft da, der die zerstreuten und auseinandergefallenen Dinge zueinander sieht und zusammenbringt. So hatte die Theorie der politischen Ökonomie, auch sie eine Wissenschaft, die, wenn sie Theoreme des Geistes bauen will, Mächte der Praxis schafft, zunächst die sogenannten Gesetze der sinn- und planlosen Individualwirtschaft aufzustellen geglaubt; in Wahrheit hat sie keine gültigen Begriffe hergestellt, sondern Einungen der Wirklichkeit: je mehr sie hinter den Gesetzen des Kapitalismus her waren, um so mehr haben sie in leibhafter Wirklichkeit eine soziale Ökonomie schaffen helfen. Sie haben Abstraktionen gesucht, die im besten Fall brauchbare Namen sind, und sie werden stattdessen Einungen und Geist gefunden haben, die Realitäten sind. Wer sich da hinein versenkt, dem löst sich auch der alte große Streit der Nominalisten und Realisten: denn die Universalbegriffe sind nur inadäquate Nomina für das, was, nicht nur in der Menschenwelt, ein Bund ist, den Platon Idee genannt hat: verbindender Geist, der den Sinnen in der Form der Individuen erscheint. Wir brauchten diese Abschweifung; denn ehe wir auseinander gehen, möchte ich noch sagen: auch in der Menschenwelt und Menschengeschichte ist das, was ich Geistlosigkeit genannt habe, was die verbindungslosen, erst voneinander und bald mit sich selbst zerfallenen Individuen geschaffen hat, Sensualismus zu nennen. Die Sinne und die Sinnenerkenntnis waren es, die mit der Renaissance sich frei gemacht hatten, sich freimachen konnten, weil der Geist, ein überaus unsinnlicher Geist, nun vergangen war. Aber aller Geist zwingt die Sinne und schränkt sie ein; auch die Griechen waren in ihrer hohen Zeit ein sehr wenig sinnliches, aufs Typische und Allgemeine gestelltes Volk; und kommt einmal ein Geist, der uns wieder zum Volke verbindet, so wird es ein Geist sein, der auch unsere theoretischen Menschen von der Qual der schweifenden, bohrenden und forschenden Sinne, von dem furchtbaren Haufen der konkreten Einzelheiten befreit. Er wird Ordnung und Einheit in unser Leben und Mitleben und ebenso auch in unser Denken bringen.

Wäre ich nicht verdammt, diese Schrift jetzt, im Jahre 1907, zu schreiben, wo wir noch mitten in dem Geschehen, das ich schildern soll, darin sind; oder hätte ich die Macht, mit meinem Wirken die Dinge so zu gestalten, wie ich sie möchte, oder wäre es hier dem Autor erlaubt, sich utopischer Sprache zu bedienen, so könnte ich sagen: diese beiden Richtungen, die schon vor dem Ausbruch der Staatsrevolutionen des 18. und 19. Jahrhunderts entstanden waren, gaben den Revolutionen und Aufbauversuchen des 20. Jahrhunderts ihr Gepräge: an die eine Richtung, die sich die Politiker nannten, schlossen sich mehr und mehr alle Parteien an; sie gingen darauf aus, das Wirtschaftsleben in den Staat einzuordnen und den absoluten demokratischen Verfassungsstaat nicht nur zur Sicherung der Bürger gegeneinander, sondern auch zur Sicherung gegen Armut, Preisgebung und Verlassenheit einzurichten; die zweite Richtung, die sich die Sozialisten nannten, erklärten: mit der Entdeckung der Gesellschaft, des freien und freiwilligen Durcheinanderwirkens der Kräfte des Mitlebens, habe der Staat nur noch eine Aufgabe: Vorkehrungen zu seiner eigenen Auflösung zu treffen und Raum zu geben für die unendlichfache Schichtung von Bünden, Organisationen und Gesellschaften, die an seine Stelle und an die Stelle des sinn- und plan- und geistlosen Individualismus der Wirtschaft, der Produktion und Zirkulation, zu treten sich anschickten. Es gab endlich auch noch einige Vereinzelte einer dritten Richtung, die beiseite standen und mit einem bitteren Lächeln um die Lippen und einem Funken guter Freude und Hoffnung im Auge mehr dachten als sagten: der Weg zur völligen Auflösung und Unmöglichmachung des Staates gehe eben gerade über den absoluten demokratischen Wirtschaftsstaat. Da es aber ein positives Absolutes gar nie gegeben hat, werden die wohl nicht so ganz Recht gehabt haben; sie haben nur den unsäglich langsamen Weitergang in diesen unseren Zeiten zum Ausdruck gebracht.

So, glaube ich, könnte ich reden, wenn ich nicht jetzt schriebe. Da ich aber jetzt schreibe, kann ich auch von den Revolutionen des 18. und 19. Jahrhunderts, die noch in unsere Zeiten fortlaufen, kein anderes als ein utopisches Bild geben; denn ist auch unsere Zwischenzeit gerade in diesen Jahrzehnten weit weg von diesen Bewegungen, so bin ich doch, ich muss es gestehen, ganz untergetaucht in die Revolution; ich entscheide nicht, ob noch oder schon wieder. Entweder kommt bald der Geist über uns, der nicht Revolution, sondern Regeneration heißt; oder wir müssen noch einmal und noch mehr als einmal ins Bad der Revolution

steigen. Denn das ist in unseren Jahrhunderten des Übergangs die Bestimmung der Revolution: den Menschen ein Bad des Geistes zu sein. In dem Feuer, der Hingerissenheit, der Brüderlichkeit dieser aggressiven Bewegungen erwacht immer wieder das Bild und das Gefühl der positiven Einung durch verbindende Eigenschaft, durch Liebe, die Kraft ist; und ohne diese vorübergehende Regeneration könnten wir nicht weiterleben und müßten versinken.
Dass es aber trotz dem überaus vernehmlichen Schwächezustand unserer letzten Generationen, der sich auch bei großen Talenten in modischen Geckereien und fast völliger Abkehr von den öffentlichen Dingen äußert, noch nicht Zeit ist, ans Dahingehen zu denken, dessen ein Zeichen sei uns, was die Urgroßväter unserer jungen Leute erlebten: die größte all dieser Revolutionen, die Französische Revolution vom Ende des 18. Jahrhunderts. Was in der Menschenwelt die neuen Wirklichkeiten schafft, ist immer das Unmögliche gewesen.
Das Unmögliche war es, noch nicht oder selten in den Wegen und Zielen, aber in der Stimmung und dem Geiste der Größe, was da über viele Einzelne und das Volk gekommen ist. Es galt ja im Anfang nichts weiter als Frankreich vor dem Bankrott zu retten; und wie es immer war, wie es in der englischen Revolution, in der Fronde und ganz besonders im amerikanischen Unabhängigkeitskrieg gewesen war, geschah es auch hier: hätte die Regierung nicht kurz hintereinander die unglaublichsten Fehler und Dummheiten gemacht, es hätte in dem Zeitpunkt zu gar nichts kommen brauchen. Als der prachtvoll tolle Aventurier Thomas Payne den Amerikanern sein Pamphlet The Common Sense widmete, in dem er mit besonderer Anwendung auf die englische Regierung alle und jegliche Regierung für schandbar und unnütz erklärte, da war es ein Engländer, der das tat: und es wäre in Amerika so wenig wie in England aus solcher geistigen Rebellion und Überwindung heraus zur Revolution und nachher zur Einführung der freiesten aller republikanischen Verfassungen gekommen, wenn nicht die englische Regierung und der größte Teil des im Gefolge der besonderen Form der englischen Revolution politisch gewordenen englischen Volkes so verblendet gegen die Kolonisten verfahren wäre. Aber solche Dummheit oder Brutalität oder Schwächlichkeit der Regierenden ist immer nur der Funke; dass das Volk und die Den-

ker und Dichter einem Pulverfaß gleichen, geladen mit Geist und schöpferisch-zerstörenden Kräften, zeigt sich dann jedesmal; und das gibt uns den Glauben an latente, aufgespeicherte Kräfte, auch wenn ein Volk in seinem Tiefstand ist. So war es auch in Frankreich. Als der Graf Mirabeau im Jahre 1788 den aufständischen Niederländern den Entwurf der Menschenrechte widmete, war das französische Volk – trotz allem hellen, prasselnden Geist der Aufklärung, des Witzes und der Freiheit, der von glänzenden Individualitäten auf es herabgekommen war und trotz seiner leidenschaftlichen Teilnahme am Freiheitskampf der Amerikaner – noch weit entfernt, sich auf seine eigenen Menschenrechte zu besinnen. Chamfort hat Recht, und er ist überdies selbst ein individuelles Beispiel dafür, wenn er sagt, die französische Revolution sei ein Zeichen, dass eine alt gewordene und seit langem verdorbene Nation mit einem Male wieder zu Kraft und Freiheit erwachen könne. Wenn das nicht wäre, dann wäre das ganze Menschengeschlecht nicht bloß, wie er, immer noch im Jargon der Monarchomachen, sagt, zur ewigen Knechtschaft, sondern zum völligen Verfall und Ruin bestimmt. Denn wir haben nicht vergessen, dass wir alle gleich alt sind und alle schon mehr als einmal verdorben waren.

Nicht annähernd so wie diesmal waren die Kämpfer in früheren Revolutionen von dem Gefühl erweckt, in einem Anlauf und Weitergehen alle Hemmnisse entfernen zu müssen, alle Übel zu heben, alle Fragen zu lösen, alles Glück zu schaffen. Was Mirabeau schon in seinem ersten Entwurf der Menschenrechte gesagt hatte, dass die Regierung für das Glück des Volkes vom Volke eingesetzt sei, das fühlte diese Revolution als ihre Aufgabe; und dieses Gefühl, für kommende Zeiten der Ruhe und Abgeebbtheit mit all ihren heroischen Kraftanstrengungen Gedeihen zu schaffen, war das Glück des Beglückens dieser Revolutionäre. Und hier sehen wir, was für alle Revolutionen gilt, aber für keine so wie für diese: es ist ein Geist der Freude, der in der Revolution über die Menschen kommt. Dieser Freudegeist pflanzt sich von der Revolution her selbst in die grauen Zwischenzeiten hinein fort; und das Jubelfest, das die Pariser mit ausgelassenen Straßentänzen noch heute am Tag des Bastillesturmes feiern, ist mehr als Erinnerung, ist unmittelbar Erbe der Revolution. Wir Deutsche, obwohl wir schon lange kein recht freudiges Volk mehr sind – im Mittelalter waren sie es – haben wunderschöne Worte für diese Heiterkeit: ausgelassen, aufgeräumt, unbändig. Was da zum Ausdruck kommt, ist zusammengepreßt Gewesenes, das sich hinaus lässt und aufschäumt; etwas, das in sich selber und in der Welt draußen ordentlich Ordnung macht und alles zurechtrückt; das von Banden befreit ist. Aber nicht bloß diese Reaktion gegen vorhergegangenen Druck äußert sich in der Freudenstimmung der Revolution; auch nicht nur das kommt dazu, was wir schon sagten, dass es in der Revolution ein reiches, zusammengedrängtes, fast spritzendes Leben ist; wesentlich vor allem ist es, dass die Menschen sich ihrer Einsamkeit ledig fühlen, dass sie ihre Zusammengehörigkeit, ihr Bündnis, geradezu ihre Massenhaftigkeit erleben. Darum gibt es für uns keine wundervollere Versinnlichung und Vergeistigung dessen, was hier Revolution und was Vorausgang und Bedingung der Revolution genannt wird, als Beethovens Neunte Symphonie, die nach schwerem Erleben der in Melancholie und Brüten versunkenen Einzelseele, nach dem vergeblichen Versuch, in Einsamkeit froh zu sein und sich auszulassen, nach derber Paarung und nach der Himmelsseligkeit des in sich versunkenen und über sich hinausgehobenen geistigen Individualdaseins mit allen Strömen in den Massenchor an die Freude mündet. Und auch die Worte aus Schillers Revolutionsgedicht, das Beethoven zugrunde legte, wollen wir nicht vergessen: Alle Menschen werden Brüder, wo dein sanfter Odem weilt. Es ist ja nicht wahr, was man uns in dieser schlappen und aus Schwäche unsentimentalen Zeit, die sich aus Hinfälligkeit der Liebe und der Hingebung schämt, einreden möchte, dass die Brüderlichkeit uns ein phrasenhaftes Wort geworden sei. Recht laut und rückhaltlos sollten wir Menschen wieder lernen es der Revolution nachzusprechen, und der Revolution vorzusprechen: dass die Menschen Brüder sind. Es gibt Worte, die man nur in die Sphäre sich heben muss, aus der sie stammen, um sie von dem Staub und Spott der Frivolität und Enge sofort zu reinigen. Von der Französischen Revolution haben wir dieses Wort Brüderlichkeit: und daher kam zumal die Freude aus dieser Revolution: dass die Menschen fühlten, dass sie Brüder hätten und, nicht zu vergessen, Schwestern.

Aber es geht mit den Revolutionen schnell hinab, und keineswegs liegt das allein an den Ehr- und Herrschsüchtigen, vor denen La Boëtie schon gewarnt hatte. Obzwar die Utopie ausschweifend schön ist, mehr freilich als in dem was sie sagt, wie sie es sagt, ist doch, was die Revolution erreicht, eben ihr Ende, das was sich von dem, was vorher war, nicht allzu sehr unterscheidet. Dieses Ende ist in der Französischen Revolution schon früh heraufgekommen. Nicht die Ehr-, Parteisucht und Rechthaberei unter den Führern trägt die Hauptschuld; auch nicht, dass die Republik rings von Feinden umgeben war, und die Revolution sich darum in den Krieg verwandeln musste und so die Republik wie zu Heinrichs IV. und wieder zu Cromwells Zeit in den Militärstaat; die Hauptursache liegt in dem, was ich das Provisorium nenne. Wir haben davon schon im Eingang gesprochen: da die Revolution gar keine oder völlig ungenügende, ganz alltägliche positive Kräfte in sich birgt, da ihre Kraft in der Rebellion und Negation liegt, sind ihre Auskunftsmittel, damit die Gemeinschaft von Tag zu Tag weiter existiert, kümmerlicher, alltäglich-hergebrachter und gemeiner Natur. Wenn eine Revolution aber gar in die fürchterliche Lage kommt wie diese, dass ringsum Feinde sind, innen und außen, dann müssen die noch lebendigen Kräfte der Negation und Destruktion sich nach innen, gegen sich selbst schlagen; der Fanatismus und die Leidenschaft wird zum Mißtrauen – der schmutzigsten Beziehung, die es zwischen Menschen gibt – und bald zur Blutgier oder wenigstens zur Gleichgültigkeit gegen die zugefügten Schrecken des Tötens; und bald wird der Schrecken durch Töten die einzige Möglichkeit der Machthaber des Tages, ihr Provisorium zu halten. Es ist allgemeine Eigenschaft der Institution der Revolution, nur ein Aufschwung und ein Traumdasein und ein Taumel zu sein; diese war es erst recht, da sie begann, soziale Probleme, die Fragen des Eigentums zunächst, mit den Mitteln der politischen Revolution lösen zu wollen. Von allem anderen einmal hier abgesehen: daher kam es, dass schon frühzeitig die Revolution aufhörte, eine Bewegung des ganzen Volkes zu sein, dass das Volk mehr und mehr in verschieden interessierte Teile zerfiel, und dass die Emigrantenpolitik, die die äußeren Feinde herbeirief, Erfolg hatte.

Vorhin schon habe ich vorwegnehmend bemerkt, dass zwischen Staat und Gesellschaft, das heißt, zwischen der Surrogatform der Gemeinschaft, der Gewaltmacht und aber der Einung, dem Geistesbund einmal die große Entscheidung fallen muss, und dass jetzt die beiden, die einmal gesondert werden, wirr durcheinander gehen. Nicht zu einer abstrakten Scheidung wird es kommen, sondern zu einer wirklichen: durch Destruktion und schöpferischen Geist. Was Etienne de la Boëtie noch gegen den Einen, den König gekündet hat, der Abfall, der passive Widerstand, wird sich gegen den Einen richten, der Staat heißt. Man erkennt dann, dass nicht die Staatsform es ist, die die Knechtung in sich birgt, sondern dass die Selbstknechtung und Selbstpreisgebung, das Schmutzigste des Unsauberen, das Mißtrauen des Menschen, nicht nur gegen die anderen, sondern zumal gegen sich selbst in der Form des Staates an sich liegt, die die Form der Herrschaft, des Außen, des Toten an die Stelle des Geistes, des Innern, des Lebens gesetzt hat. In der Zwischenzeit, in der wir nun einmal sind, ist ebenso, wie Staat und Gesellschaft noch durcheinander gehen, das ungeordnet und sinnlos ineinander verstrickt, was man wohl politische und soziale Revolution nennt. Nichts ist schwerer für den heranwachsenden Menschen als zu erkennen und auch wirklich im Gemüt und im Handeln zuzugeben, dass er nicht der Mittelpunkt der Welt ist, sondern irgendwo an einem kleinen Posten links oder rechts seine Stelle hat. So geht es auch den Zeiten: sie möchten gern alle ein Gipfel oder ein Ziel oder etwas besonderes sein, auch wenn sie gar nichts besonderes dafür tun. So wird es manchem schwer werden zuzugeben, dass unsere Zeit unter den Zwischenzeiten nur so eine Zwischenzeit ist; aber es ist so. Es wird die Zeit kommen, wo man klarer sieht als heute, was der größte aller Sozialisten, Proudhon, in unvergänglichen, wiewohl heute vergessenen Worten erklärt hat dass die soziale Revolution mit der politischen gar keine Ähnlichkeit hat, dass sie allerdings ohne vielerlei politische Revolution nicht lebendig werden und bleiben kann, dass sie aber ein friedlicher Aufbau, ein Organisieren aus neuem Geist und zu neuem Geist und nichts weiter ist. Was dieser Proudhon den unentgeltlichen gegenseitigen Kredit und die solidarische Bürgschaft nannte, war in der Sprache der Wirtschaft und der Gesellschaft, die dieser hinreißend nüchterne Destrukteur und Konstrukteur liebte, das Nämliche, was uns verbindender Geist heißt und was er mit der Schroffheit und wohl auch Kahlheit des Initiators in seinem großen moralkritischen Werke Gerechtigkeit nannte.

Die große Revolution aber und noch mehr, was ihr in den Staaten Europas dann folgte, hat Politik und Soziales unentwirrbar durcheinander gebracht. Einen Punkt zwar gibt es, wo Staat und Gesellschaft, Politik und Sozialismus sich mit Notwendigkeit berühren, wo eine soziale Entscheidung nur mit den letzten Mitteln der Politik getroffen werden kann: das ist das vom Staat nicht bloß gewährleistete, sondern geradezu in der Entstehung des Staates erst so geschaffene Privateigentum am Boden. Und so waren die agrarischen Bewegungen der Französischen Revolution, die Kämpfe gegen den Feudalismus auf dem Boden, auf dem sie sein mussten. Aber mannigfach waren schon damals, und noch mehr dann in den Revolutionen von 1848 die Versuche, mit den gewöhnlichen Mitteln der Politik, dem revolutionären Parlamentarismus oder der Gewalt soziale Dinge umzugestalten, und man kam so zur Proklamierung des Rechts auf Arbeit den Nationalwerkstätten und den Hoffnungen mehr als Versuchen, auf blutigem Wege zum Sozialismus zu kommen. Doch ist es so, wie Gottfried Keller gesagt hat: der Freiheit letzter Sieg wird trocken sein. Politische Revolutionen werden den Boden frei machen, im wörtlichen und in jedem Betracht; aber zugleich werden die Institutionen bereitet sein, in denen der Bund der wirtschaftenden Gesellschaften leben kann, der dazu bestimmt ist, den Geist auszulösen, der hinter dem Staate gefangen sitzt.

Denn freilich ist es durchaus nicht so, dass wir untätig dasitzen könnten, bis der Geist über uns kommt und uns ruft. Wie vielmehr die Markgenossenschaften und so viele Institutionen der Schichtung und Einung schon vor dem Geiste da waren, der sie dann erfüllte und erst zu dem machte, was sie der christlichen Zeit bedeuteten; und wie eine Art Gehen schon da ist, ehe die Beine werden, und wie dieses Gehen die Beine erst baut und bildet, so wird es nicht der Geist sein, der uns auf den Weg schickt, sondern unser Weg ist es, der ihn in uns zum Erstehen bringt.

Wohin wir aber zu gehen haben, was wir einzurichten und zu bauen haben, das wissen die, die diesen Weg bisher mit mir zurückgelegt haben. Wir sind in Atome zerfallen, und anstatt dass wir Güter für den Verbrauch herstellen, erzeugen wir Waren, beziehungslose Güter, für den Gelderwerb, und das Geld ist nicht bloßes Tauschmittel, um unserer gemeinsamen Bequemlichkeit willen, sondern ein heckendes Monstrum; von den fiktiven Werten, mit denen sich die Besitzenden untereinander berauben, gar nicht zu reden. Heere von Besitzlosen müssen sich denen zur Verfügung stellen, die nicht den Reichtum des Volkes, sondern ihren privaten Reichtum schaffen wollen. Und andere Heere, meist aus denselben Besitzlosen zusammengestellt, müssen den Nationen die Absatzmärkte sichern oder vermehren und sich selber mit der Waffe in der Hand und gegen die eigene Brust den Frieden gebieten. Alle wirtschaftlich-technischen Fortschritte, gewaltiger Art wie sie sind, sind in ein System des sozialen Verfalls eingeordnet worden, das es mit sich bringt, dass jede Verbesserung der Arbeitsmittel und Erleichterung der Arbeit die Lage der Arbeitenden verschlechtert. Unser Weg geht dahin: dass solche Menschen, die zur Einsicht und zur inneren Unmöglichkeit, so weiter zu leben, gekommen sind, sich in Bünden zusammenschließen und ihre Arbeit in den Dienst ihres Verbrauchs stellen. In Siedlungen, in Genossenschaften, unter Entbehrungen. Sie werden dann bald an die Schranken stoßen, die der Staat ihnen setzt: ihnen fehlt der Boden. Dies ist der Punkt, wo die Revolution, von der wir bis hierher gesprochen haben, weitergeht in die Zukunft, von der sich nichts sagen läßt, weil sie noch entfernt ist. Auch von der sozialen Regeneration, auf die hier nur hinzudeuten war, ist an dieser Stelle nichts zu sagen; von der Erwartung des Kommenden hängt es ab, wie man die Ansätze und Richtungen, die vorhanden sind, einschätzt; doch gedenke ich, an anderer Stelle den Faden wieder aufzunehmen und den kommenden Sozialismus im Zusammenhang zu behandeln.

In ungezählten Schriften und Kundmachungen der Revolutionäre des 19. Jahrhunderts, bei Proudhon, Bakunin, Marx, bei allen Internationalisten, aber ebenso bei allen Achtundvierzigern der verschiedenen Länder, bei Mazzini und den anderen Revolutionskämpfern, bei den Kommunarden und bei Spaniern wird man immer wieder finden, dass ihnen die große Revolution nicht auf Frankreich beschränkt und nicht irgendwie am Anfang des

19. Jahrhunderts beendet ist. Es ist für ihr Empfinden, ihr richtiges Empfinden, ein und dieselbe Revolution, die Pausen der Ermattung hatte, dann aber immer wieder von neuem losgebrochen ist. Zumal die Revolutionen von 1848 in den verschiedenen Ländern waren in politischer Hinsicht Ergänzungen, zu denen es infolge der napoleonischen Kriege nicht früher kommen konnte. Nach den Ereignissen von 1870/71, in der Festsetzung eines bis dahin nicht gekannten dauernden Kriegszustandes – den man Frieden nennt – und der Erstarkung des Nationalismus scheint eine längere Pause eingetreten. Dass keiner dieser Revolutionsversuche sein Ziel erreicht hat, wäre kein Grund anzunehmen, dass die Revolution einmal wieder ausbrechen müsse; denn wir haben gesehen, dass die Revolution ihr Ziel niemals erreicht; dass sie vielmehr um der Auffrischung der Kräfte, um des Geistes willen, Selbstzweck ist. Damit sei nicht gesagt, dass diese große Revolution gar nichts Tatsächliches, Gebliebenes durchgesetzt habe. Was das ist, das geblieben ist, hat schon Camille Desmoulins[59] 1793 in einem Brief an seinen Vater klar zum Ausdruck gebracht: „Die Revolution", sagt er, „scheint in den Rat derer, die die Republik regieren, keinen Verstand gebracht zu haben; ich sehe in ihr fast nur Ehrgeiz, wo früher Ehrgeiz war, und Habsucht, wo Habsucht war. Allerdings ist die Freiheit der Presse ein großes Mittel, dessen Wohltat wir der Revolution verdanken, und im neuen Régime haben wir das voraus, dass die Spitzbuben gehängt werden, und dass die Ignoranten und Dummköpfe der Lächerlichkeit überliefert werden. Der Zustand der Dinge ist jetzt unvergleichlich viel besser als vor Ausbruch der Revolution, weil es eine Hoffnung gibt, ihn verbessern zu können, die unter dem Despotismus nicht existiert, dessen Sklaven wie die Verdammten sind, die keine Hoffnung haben ..."

Das ist es in der Tat, was die letzte Revolution uns vermacht hat, wenn wir davon absehen, dass die Spitzbuben, die Desmoulins meint, heute schon wieder nicht so leicht gehenkt werden wie 1793; dafür werden aber auch weniger Brave und Tapfere guillo-

---

[59] Camille Desmoulins (1760-1794), französischer Revolutionär, einer der Organisatoren des Sturms auf die Bastille 1789, verurteilte die Schreckensherrschaft der Jakobiner, deshalb mit Danton hingerichtet.

tiniert, sondern höchstens ins Gefängnis gesteckt. Aber im Übrigen scheint das in der Tat der Erfolg, den die letzte Revolution hinterlassen hat: dass die Freiheit der Meinung nicht mehr dauernd gehemmt werden kann; und dass nichts mehr ganz feststeht, nichts mehr unanrührbar heilig ist, nichts mehr zur Ruhe kommt, alles im Flusse ist ...

Von dem, was in Rußland begonnen hat, habe ich in dieser Schrift nicht gesprochen. Niemand kann in dieser Stunde sagen, ob da noch alles im ersten Werden oder schon wieder im Abstieg ist; und auch nicht: ob Rußland etwas nachholt, was das übrige Europa schon gehabt hat; oder ob in Rußland etwas im Beginne ist, was auch den anderen Völkern gehört. Im Einzelnen wissen wir gar nichts über unseren nächsten Weg; er kann über Rußland, er kann auch über Indien führen. Nur das können wir wissen: dass unser Weg nicht über die Richtungen und Kämpfe des Tages führt, sondern über Unbekanntes, Tiefbegrabenes und Plötzliches.

Die freie Welt, 1. Jg., Heft 6, 4. Juni 1919

Personenregister

Achilles 51
Agrippa, Heinrich Cornelius 69f
Althusius, Johannes 93
Archilochos 51
Aretino, Pietro 81
Aristogiton 94
Aristophanes 53
Aristoteles 49
Augustinus, Aurelius 52

Bach, Johann Sebastian 59
Bakunin, Michail A. 95f, 115
Barbarossa, Friedrich 72, 81
Barclay 77
Bebel, Heinrich 69
Beethoven, Ludwig van 111
Bellarmin, Robert 89
Bodinus, Jean 89, 93
Boëtie, Etienne de La 79, 85, 90, 93ff, 106, 112f
Boucher, Jean 86
Brunner, Constantin 46
Bruno, Giordano 70
Brutus, Marcus Iunius 81, 94
Buchanan, George 85
Buddha, Gautama 70

Caesar, Julius 45, 94
Campanella, Thomas 70, 99
Carlstadt, d. i. Andreas Bodenstein 68
Cassius, Gaius C. Longinus 94
Chamfort, Sébastien Nicolas Roch 102f, 110
Chelčický, Peter 67
Clément, Jakob 87, 89
Columbus, Christoph 69
Cromwell, Oliver 97, 112
Cusanus, Nikolaus (Nikolaus von Kues) 50, 55, 70, 99

Dante, Alighieri 45, 50
Desmoulins, Camille 116
Dionysius 55
Dostojewskij, Fjodor Michajlowitsch 65

Eckhart, Johann (Meister Eckhart) 55
Erasmus von Rotterdam, Desiderius 69

Faust, Johann 70

Gassendis, Pierre 99
Geismair, Michael 68
Godwin, William 95
Goethe, Johann Wolfgang von 76
Grässe, Johann Georg Theodor 80
Grimmelshausen, Hans Jakob Christoffel von 98
Grotius, Hugo 89, 93

Hagen von Tronje 51
Hannibal 70
Harmodios 94
Hegel, Georg Wilhelm Friedrich 35
Heinrich III. 85ff, 89
Heinrich IV. 81, 88f, 112
Heinrich VIII. 78f
Homer 48
Horaz 51
Hotman, François 82f
Hume, David 93
Hutten, Ulrich von 62

Jesus Christus 65, 74

Kant, Immanuel 46
Karl I. 29, 97f
Keller, Gottfried 114
Kopernikus, Nikolaus 69
Kropotkin, Peter A. 59

Lamennais, Hugues de 95
Languet, Hubert 82ff, 87, 92
Lautenbach, Mangold von 81
Lionardo (Leonardo) da Vinci 69
Locke, John 93, 99
Logau, Friedrich 98

Luder, Peter 69
Ludwig XIV. 102
Ludwig XVI. 85, 87
Luther, Martin 62, 66, 73ff

Macchiavelli, Niccolò 81
Mariana, Juan de 89f
Marsilius von Padua 81
Marx, Karl 115
Mauthner, Fritz 46
Maximus Tyrius 25
Mazarin, Jules 100f
Mazzini, Guiseppe 115
Milton, John 97
Mirabeau, Honoré Gabriel de Riqueti 110
Montaigne, Michel de 79, 85, 90
Mornäus, Philippus 82
Morus, Thomas 77
Münchhausen, Karl Friedrich Hieronymus Freiherr von 58
Münzer, Thomas 68
Mutian, Konrad 69

Novalis, eigentl. Friedrich Freiherr von Hardenberg 54

Odysseus 51

Paracelsus Theophrastus Bombastus von Hohenheim 50, 69f
Payne, Thomas 109
Perikles 45, 53
Pheidias 41, 48
Philipp II. 81
Pigenat 86
Platon 48, 53, 107
Poggio, Gian Francesco 81
Poynet, John 80
Proudhon, Pierre-Joseph 67, 95, 113, 115

Rabelais, François 69, 79
Ravaillac, Franz 89
Reiser, Friedrich 68
Rousseau, Jean-Jacques 29, 34, 102

Salisbury, Johann von 81
Schiller, Friedrich 111
Schlegel, Friedrich 47
Shakespeare, William 59
Sidney, Algernon 97
Siegfried 51
Sigmund (Sigismund) 68
Sophokles 41, 45
Stirner, Max 29, 95
Stuart, Maria 85
Suarez, Francisco de 89

Thrasybul 94
Tolstoj, Lev Nikolaj 65, 76, 95
Treitzschke, Richard 87

Voltaire, eigentl. François-Marie Arouet 29, 102

Walther von der Vogelweide 51
Whewell, William 60
Wilhelm von Oranien 81